Peter Bühler
Patrick Schlaich
Dominik Sinner

Digital Publishing

E-Book – CMS – Apps

Springer Vieweg

Peter Bühler
Affalterbach, Deutschland

Patrick Schlaich
Kippenheim, Deutschland

Dominik Sinner
Konstanz-Dettingen, Deutschland

ISSN 2520-1050 ISSN 2520-1069 (electronic)
Bibliothek der Mediengestaltung
ISBN 978-3-662-55390-9 ISBN 978-3-662-55391-6 (eBook)
https://doi.org/10.1007/978-3-662-55391-6

Die Deutsche Nationalbibliothek verzeichnet diese Publikation in der Deutschen Nationalbibliografie; detaillierte bibliografische Daten sind im Internet über http://dnb.d-nb.de abrufbar.

Springer Vieweg

Springer Vieweg ist ein Imprint der eingetragenen Gesellschaft Springer-Verlag GmbH, DE und ist ein Teil von Springer Nature
Die Anschrift der Gesellschaft ist: Heidelberger Platz 3, 14197 Berlin, Germany

Bibliothek der Mediengestaltung

Konzeption, Gestaltung, Technik und Produktion von Digital- und Printmedien sind die zentralen Themen der Bibliothek der Mediengestaltung, einer Weiterentwicklung des Standardwerks Kompendium der Mediengestaltung, das in seiner 6. Auflage auf mehr als 2.700 Seiten angewachsen ist. Um den Stoff, der die Rahmenpläne und Studienordnungen sowie die Prüfungsanforderungen der Ausbildungs- und Studiengänge berücksichtigt, in handlichem Format vorzulegen, haben die Autoren die Themen der Mediengestaltung in Anlehnung an das Kompendium der Mediengestaltung neu aufgeteilt und thematisch gezielt aufbereitet. Die kompakten Bände der Reihe ermöglichen damit den schnellen Zugriff auf die Teilgebiete der Mediengestaltung.

Weitere Bände in der Reihe http://www.springer.com/series/15546

Vorwort

The Next Level – aus dem Kompendium der Mediengestaltung wird die Bibliothek der Mediengestaltung.

Im Jahr 2000 ist das „Kompendium der Mediengestaltung" in der ersten Auflage erschienen. Im Laufe der Jahre stieg die Seitenzahl von anfänglich 900 auf 2700 Seiten an, so dass aus dem zunächst einbändigen Werk in der 6. Auflage vier Bände wurden. Diese Aufteilung wurde von Ihnen, liebe Leserinnen und Leser, sehr begrüßt, denn schmale Bände bieten eine Reihe von Vorteilen. Sie sind erstens leicht und kompakt und können damit viel besser in der Schule oder Hochschule eingesetzt werden. Zweitens wird durch die Aufteilung auf mehrere Bände die Aktualisierung eines Themas wesentlich einfacher, weil nicht immer das Gesamtwerk überarbeitet werden muss. Auf Veränderungen in der Medienbranche können wir somit schneller und flexibler reagieren. Und drittens lassen sich die schmalen Bände günstiger produzieren, so dass alle, die das Gesamtwerk nicht benötigen, auch einzelne Themenbände erwerben können. Deshalb haben wir das Kompendium modularisiert und in eine Bibliothek der Mediengestaltung mit 26 Bänden aufgeteilt. So entstehen schlanke Bände, die direkt im Unterricht eingesetzt oder zum Selbststudium genutzt werden können.

Bei der Auswahl und Aufteilung der Themen haben wir uns – wie beim Kompendium auch – an den Rahmenplänen, Studienordnungen und Prüfungsanforderungen der Ausbildungs- und Studiengänge der Mediengestaltung orientiert. Eine Übersicht über die 26 Bände der Bibliothek der Mediengestaltung finden Sie auf der rechten Seite. Wie Sie sehen, ist jedem Band eine Leitfarbe zugeordnet, so dass Sie bereits am Umschlag erkennen, welchen Band Sie in der Hand halten. Die Bibliothek der Mediengestaltung richtet sich an alle, die eine Ausbildung oder ein Studium im Bereich der Digital- und Printmedien absolvieren oder die bereits in dieser Branche tätig sind und sich fortbilden möchten. Weiterhin richtet sich die Bibliothek der Mediengestaltung auch an alle, die sich in ihrer Freizeit mit der professionellen Gestaltung und Produktion digitaler oder gedruckter Medien beschäftigen. Zur Vertiefung oder Prüfungsvorbereitung enthält jeder Band zahlreiche Übungsaufgaben mit ausführlichen Lösungen. Zur gezielten Suche finden Sie im Anhang ein Stichwortverzeichnis.

Ein herzliches Dankeschön geht an Herrn Engesser und sein Team des Verlags Springer Vieweg für die Unterstützung und Begleitung dieses großen Projekts. Wir bedanken uns bei unserem Kollegen Joachim Böhringer, der nun im wohlverdienten Ruhestand ist, für die vielen Jahre der tollen Zusammenarbeit. Ein großes Dankeschön gebührt aber auch Ihnen, unseren Leserinnen und Lesern, die uns in den vergangenen fünfzehn Jahren immer wieder auf Fehler hingewiesen und Tipps zur weiteren Verbesserung des Kompendiums gegeben haben.

Wir sind uns sicher, dass die Bibliothek der Mediengestaltung eine zeitgemäße Fortsetzung des Kompendiums darstellt. Ihnen, unseren Leserinnen und Lesern, wünschen wir ein gutes Gelingen Ihrer Ausbildung, Ihrer Weiterbildung oder Ihres Studiums der Mediengestaltung und nicht zuletzt viel Spaß bei der Lektüre.

Heidelberg, im Frühjahr 2019
Peter Bühler
Patrick Schlaich
Dominik Sinner

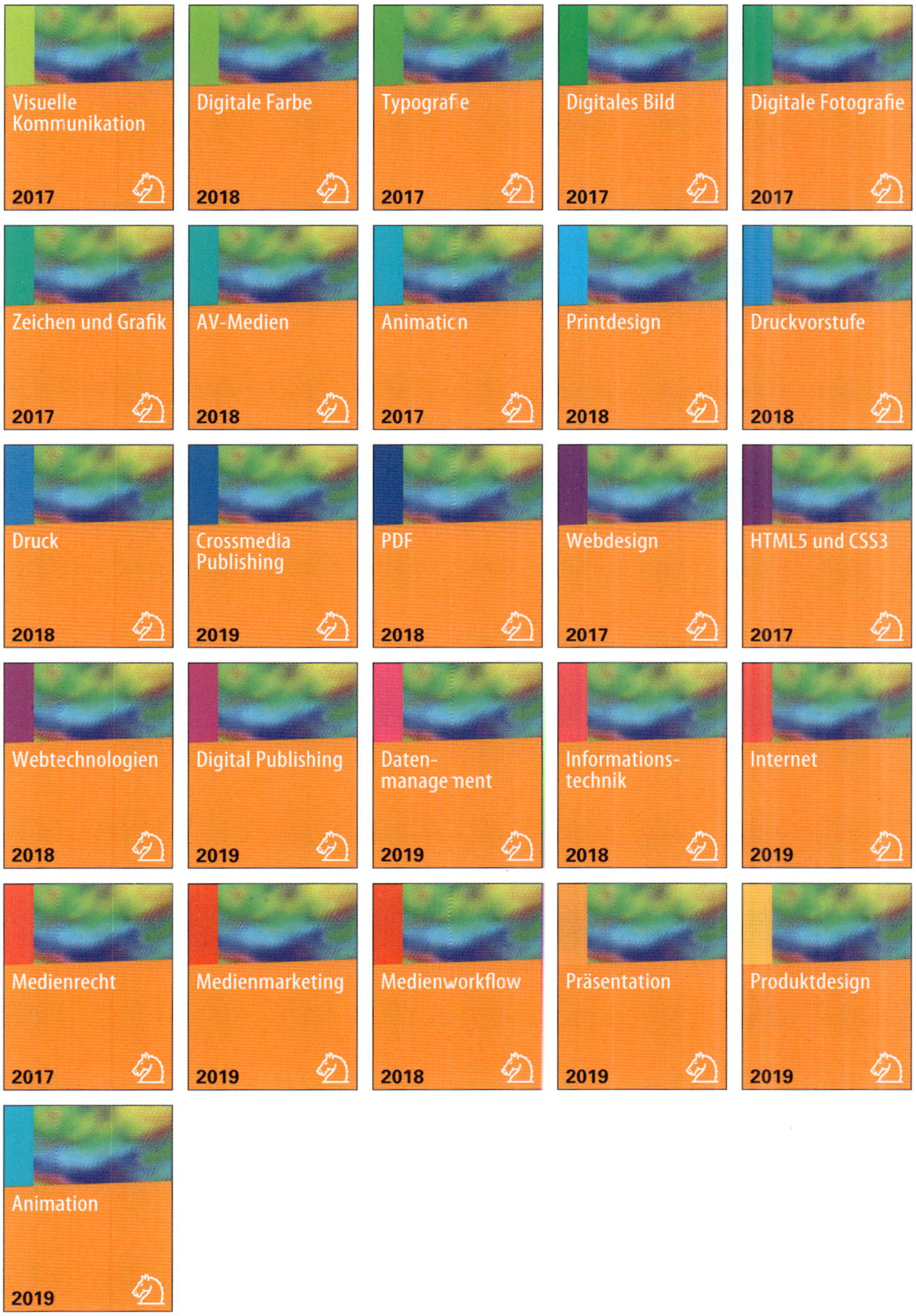

Bibliothek der Mediengestaltung

Titel und Erscheinungsjahr

Weitere Informationen
www.bi-me.de

Inhaltsverzeichnis

1 E-Book 2

2 CMS 46

1.1 Bücher

Bücher sind Kulturgut, Unterhaltung, Spannung, Wissensvermittler, Wissensspeicher ... seit dem Mittelalter, als Mönche in Klöstern die Bibel und andere Bücher in Scriptorien von Hand vervielfältigt haben. Mitte des 15. Jahrhunderts revolutionierte die Erfindung des Buchdrucks mit beweglichen Lettern durch Johannes Gutenberg die Welt der Handschriften und Bücher. Bedeutende gesellschaftliche und politische Entwicklungen wie die Renaissance und

Bücher
Links: mittelalterliche Handschrift
Rechts: E-Books auf dem E-Book-Reader

Stadtbücherei Stuttgart

P. Bühler et al., *Digital Publishing*, Bibliothek der Mediengestaltung, https://doi.org/10.1007/978-3-662-55391-6_1

die Reformation sind ohne Gutenbergs Erfindung nicht denkbar. Die Alphabetisierung der Menschen und damit der Zugang zu Büchern und Druckschriften, zu Informationen und Bildung wurden mit dem Buchdruck erst möglich. Ob Johannes Gutenberg diese Intension mit seiner Erfindung hatte, wissen wir nicht. Vermutlich ging es ihm zunächst darum, handgeschriebene Bücher einfacher, schneller und damit auch preiswerter in höherer Auflage herzustellen. Sein bekanntestes Werk ist die 42-zeilige Bibel, die Gutenberg-Bibel.

Gutenberg-Bibel
der New York Public Library

1.1.1 Geschichtliche Entwicklung der E-Books

Als erstes E-Book gilt die Unabhängigkeitserklärung der USA. Diese wurde am 4. Juli 1971 von Michael Stern Hart (1947 - 2011) in das interne Netzwerk der Universität Illinois gestellt. Michael S. Hart gründete das bis heute bestehende internationale, gemeinnützige „Project Gutenberg", www.gutenberg.org. Project Gutenberg bietet freie E-Books zum Download auf PC, Kindle, Android, iOS und andere tragbare Geräte. Zur Auswahl stehen EPUB, Kindle, HTML und einfache Textformate.

1988 veröffentlichte William Gibson seinen Roman „Mona Lisa Overdrive". Der Roman kam als erstes E-Book zum Download auf den Computer in den Handel. Sein kommerzieller Erfolg hielt sich damals in engen Grenzen. Der Roman war zunächst als gedrucktes Buch erfolgreich und heute können Sie „Mona Lisa Overdrive", z. B. bei Amazon, in den gängigen Medientypen kaufen.

In den 1990er Jahren und Anfang der 2000er Jahre gab es verschiedene Ansätze, E-Book-Systeme einzuführen. Letztlich scheiterten alle Systeme daran, dass es an attraktiven Inhalten mangelte. Den Durchbruch des E-Books in den Massenmarkt schaffte Amazon 2007 mit dem Kindle und Apple 2010 mit dem iPad, dem Tablet als E-Book-Reader.

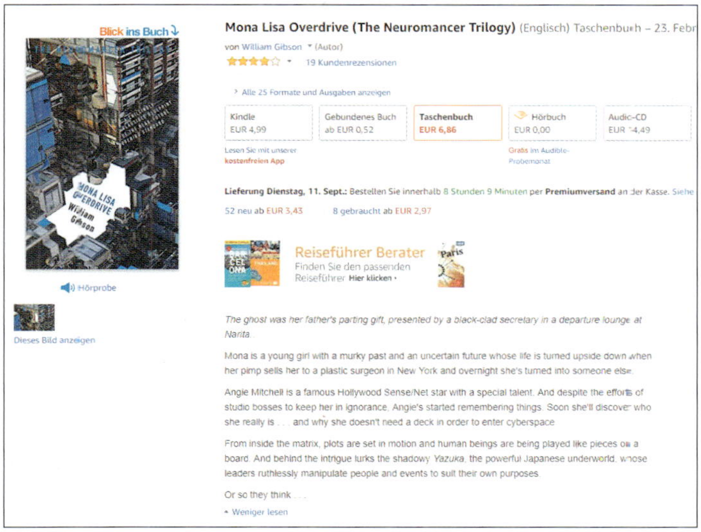

Amazon-Portal
Mona Lisa Overdrive von William Gibson

E-Book-Markt in Deutschland
www.boersenverein.de/ebook-markt

1.1.2 E-Book-Markt

E-Books in Deutschland
Der Börsenverein des deutschen Buchhandels teilt den Buchmarkt in drei Segmente ein: Consumer, Educational und Professional. Consumer sind Privatpersonen als Buchkäufer. Das Segment Educational enthält alle gedruckten und elektronischen Bücher, die von Schulen, Hochschulen und Universitäten sowie Bibliotheken angeschafft werden. Der Bereich Professional umfasst die berufliche Nutzung von gedruckten Büchern und E-Books.

Die Welt der E-Books ist zweigeteilt: die geschlossene Kindle-Welt von Amazon und der offene Teil mit verschiedenen E-Book-Readern. In Deutschland hat der E-Book-Reader Tolino den höchsten Anteil. Die Tolino-Allianz, https://mytolino.de, wurde 2013 von der Deutschen Telekom zusammen mit den großen deutschen Buchhändlern gegründet. 2017 verkaufte die Telekom die Tolino-Technologieplattform an den japanisch-kanadischen Buchhändler und E-Book-Reader-Hersteller *Rakuten Kobo*, https://de.kobo.com.

Der Anteil des Tolino am E-Book-Markt in Deutschland liegt zwischen 30 und 40%. Kindle beherrscht etwa die Hälfte des Markts, www.amazon.de. Den Rest teilen sich verschiedene Anbieter unter anderem Apple mit dem iBook-Store, https://itunes.apple.com/de/genre/books, und der Play Store von Google, https://play.google.com/store/books.

E-Books in englischsprachigen Ländern
In den englischsprachigen Ländern ist der Marktanteil von Amazon deutlich höher. Mit 80% Anteil am E-Book-Markt ist Amazon in den USA marktbeherrschend. Interessant ist außer

dem Anteil am E-Book-Markt auch das Verhältnis verkaufter gedruckter Bücher zu E-Book-Verkäufen in den englischsprachigen Ländern. Der Anteil der E-Books ist dort wesentlich höher als in Deutschland. In Deutschland liegt der Anteil der E-Books am Buchmarkt bei etwa bei 12 %.

	Einwohner	Gedruckte Bücher	E-Books	E-Book-Anteil an den Buchverkäufen
USA	325 700 000	675 000 000	487 298 000	42 %
Vereinigtes Königreich	65 400 000	187 500 000	95 623 000	34 %
Kanada	36 500 000	50 500 000	26 017 000	34 %
Australien	24 500 000	56 400 000	22 463 000	28 %
Neuseeland	4 600 000	5 300 000	1 306 000 *	20 % *
5 Länder Gesamt:	456 700 000	974 700 000	632 707 000	39 %

* Neu Seeland E-Books enthält nur Apple & Kobo Stores. Da Amazon keinen länderspezifischen Store für Neuseeland hat, werden Kindle E-Books in Neuseeland über Amazon.com gekauft und sind somit in den USA enthalten.

E-Book-Markt in englischsprachigen Ländern
http://authorearnings.com/report/february-2017

1.1.3 E-Books ausleihen

E-Books ausleihen? Ja klar, die Bibliotheken haben neben der klassischen Ausleihe gedruckter Bücher auch eine digitale Ausleihe. Die digitale Bibliotheks-Ausleihplattform „Onleihe" der *divibib GmbH*, www.onleihe.net, wird von über 3000 Bibliotheken in Deutschland, im europäischen Ausland und den internationalen Goethe-Instituten genutzt. Das Angebot umfasst E-Books, E-Audios, E-Papers und E-Learning-Kurse. Im Jahr 2017 gab es insgesamt über 27,5 Millionen Ausleihen.

Making of …

Das Buch „Die Tote in der Bibliothek" von Agatha Christie soll ausgeliehen und auf einem Tolino gespeichert werden.

1 Gehen Sie auf das Onleihe-Portal der Bibliothek.

Stadtbibliothek Stuttgart – Onleihe-Portal

2 Suchen Sie z. B. über die Suchfunktion **A** die Autorin.

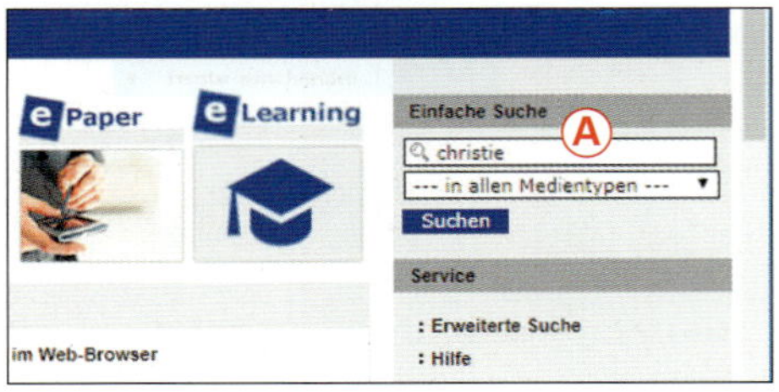

3 Wählen Sie aus der angezeigten Liste das gewünschte Buch aus.

4 Wählen Sie die *Ausleihdauer* aus **B**, in unserem Beispiel max. 21 Tage.

5 Klicken Sie auf *Jetzt ausleihen* **C**.

6 Melden Sie sich mit der *Ausweisnummer* und Ihrem *Passwort* an.

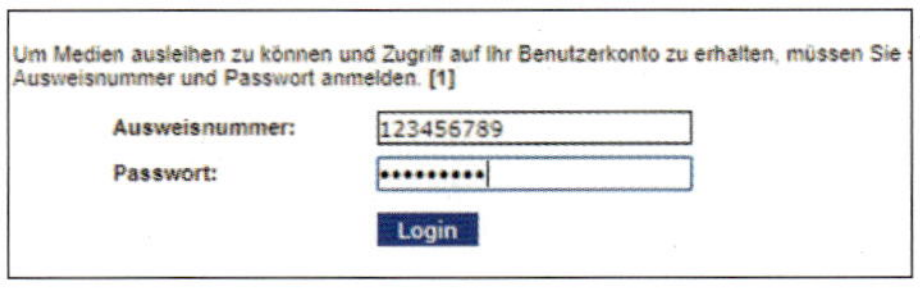

7 Öffnen Sie auf dem Tolino den Webbrowser.

8 Gehen Sie auf *Meine Medien* **D** im Onleihe-Portal der Bibliothek.

9 Melden Sie sich mit der *Benutzernummer* und Ihrem *Passwort* an **E**.

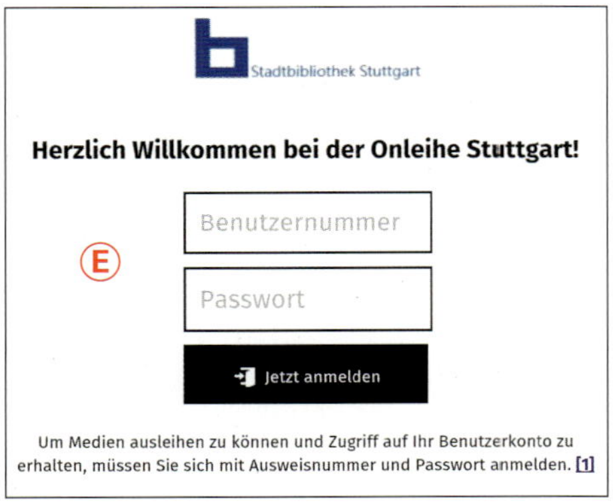

10 Tippen Sie auf *Lesen* **F** und laden Sie damit das Buch auf Ihren Tolino. Falls Sie auf dem Tolino noch keine Adobe ID hinterlegt haben, dann werden Sie aufgefordert, diese vor dem Download einzugeben.

1.1.4 E-Books kaufen

Wenn Sie ein gedrucktes Buch kaufen, dann brauchen Sie sich keine Gedanken über irgendwelche technischen Voraussetzungen machen. Einzig Autor und Titel sind für die Wahl wichtig. Beim Kauf eines E-Books ist natürlich auch der Autor und Titel wichtig, aber genauso wichtig ist der E-Book-Reader oder die E-Book-App, mit der Sie das Buch lesen möchten. Lesen Sie auf dem Kindle oder in der Kindle-App, dann müssen Sie das E-Book bei Amazon kaufen. Wenn Sie einen Tolino, die Tolino-App oder einen anderen E-Book-Reader nutzen, dann sind Sie in der Wahl der Buchhandlung frei.

Für gedruckte Bücher gilt der Mehrwertsteuersatz von 7 %, E-Books gelten als digitale Dienstleistung und werden mit 19 % besteuert (Oktober 2018). Der Kaufpreis eines E-Books ist trotzdem meist etwas niedriger als beim gedruckten Buch.

E-Books sind preisgebunden. Von der Preisbindung ausgenommen sind:

- Fremdsprachige E-Books
- E-Books, auf die der Zugriff im Rahmen wissenschaftlicher Datenbanken gestattet wird
- Einzelne Kapitel oder Ausschnitte von Büchern
- Texte, denen die Anmutung eines Buches fehlt (also ohne Cover, Titelei, Inhaltsverzeichnis etc.)
- E-Books mit Multimedia-Applikationen (bloße Software, Produkte mit Videosequenzen, stark angereicherte „enhanced" E-Books)

E-Book-Abo

Sowohl für Amazon Kindle als auch für den Tolino und kompatible E-Reader gibt es Abo-Modelle. Gegen eine Gebühr können Sie jeweils E-Books aus dem Sortiment auf Ihren E-Book-Reader laden.

tolino select

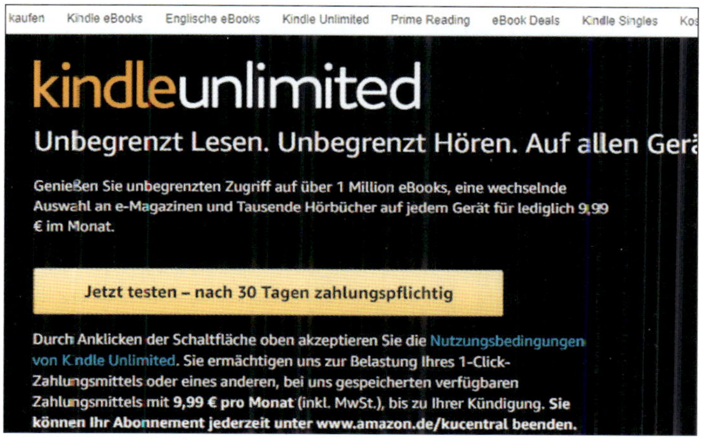

Amazon kindleunlimited

Amazon Prime

Die Bibliothek der Mediengestaltung als E-Book

Links: Online-Portal der Buchhandlung Hugendubel
www.hugendubel.de
Rechts: E-Book als PDF auf dem E-Book-Reader Tolino

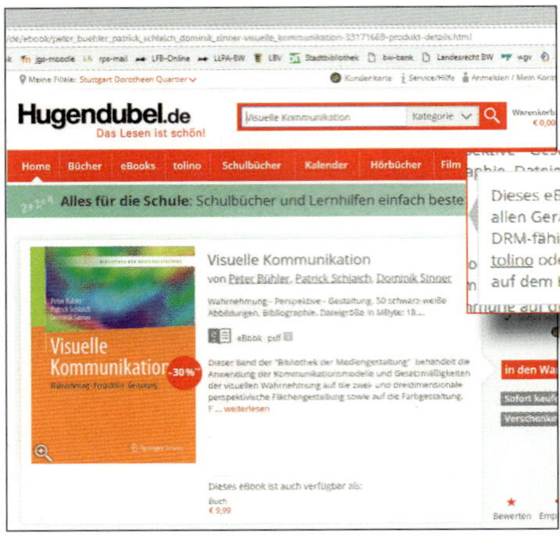

Links: Amazon-Portal
www.amazon.de
Rechts: E-Book im Kindle-Format in der Kindle-App auf dem iPad

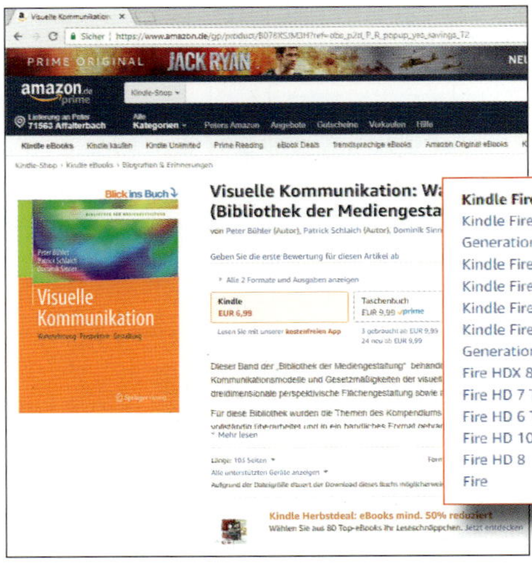

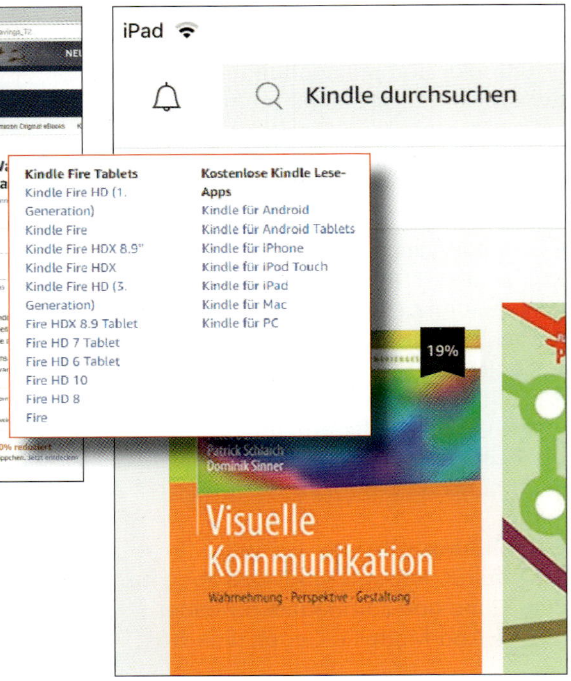

1.2 Digital Rights Management – DRM

Die meisten E-Books haben ein digitales Rechtemanagement, DRM. Durch das digitale Rechtemanagement ist die Nutzung eines E-Books geregelt. Die verlagsseitigen Einstellungen bestimmen, ob ein E-Book kopiert oder ausgedruckt werden kann. Auch die Wiedergabe auf verschiedenen Geräten, die Weitergabe von E-Books oder die Ausleihdauer von Bibliotheksexemplaren werden durch das DRM geregelt.

1.2.1 DRM-Arten

Hartes DRM

- Technische Verschlüsselung
- Das E-Book lässt sich nur auf einem E-Book-Reader oder einer E-Book-Reader-App öffnen.
- Die Registrierung bei einem Anbieter wie z. B. Adobe ist notwendig.

Weiches DRM

- Digitales Wasserzeichen
- Die Registrierung ist nicht notwendig.

1.2.2 DRM-Kopierschutz

In Europa ist der harte DRM-Kopierschutz von Adobe Standard. Um ein E-Book auf Ihrem Reader nutzen zu können, müssen Sie sich bei Adobe registrieren. Nach der Registrierung erhalten Sie eine *Adobe ID*. Mit dieser *Adobe ID* autorisieren Sie die Nutzung des E-Books auf bis zu sechs Endgeräte.

Die digitale Bibliotheks-Ausleihplattform „Onleihe" löst seit Juli 2018 das DRM von Adobe durch das DRM *CARE* ab. CARE basiert auf der europäischen Open-Source-Software Readium LCP. Das DRM bietet im Gegensatz zu Adobe die Ausleihe von Lesemedien ohne zusätzliche Registrierung oder Software. *CARE* wird derzeit in den Tolino und andere E-Reader implementiert.

Amazon hat für E-Books ein eigenes DRM. Damit können E-Books, die bei Amazon gekauft wurden, nur auf Kindle genutzt werden. E-Books mit anderem DRM wie das Adobe-DRM oder CARE sind mit dem Kindle nicht kompatibel.

Making of …

Erstellen einer *Adobe ID* und autorisieren eines E-Books.

1. Öffnen Sie im Browser die Adobe-Seite, adobe.ly/10rVzBT, zur Erstellung einer *Adobe ID*.
2. Geben Sie die geforderten Daten ein.
3. Schließen Sie die Erstellung mit *Registrieren* **A** ab. Ihre *Adobe ID* wird an die registrierte Mailadresse versandt.

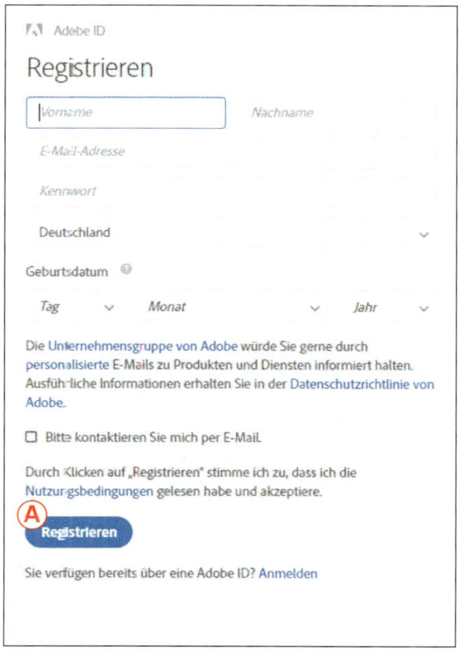

Adobe ID registrieren
adobe.ly/10rVzBT

4 Öffnen Sie Ihren E-Book-Reader.

5 Wählen Sie im Buchverzeichnis das Buch aus.

6 Melden Sie sich mit Ihrer *E-Mail-Adresse* und Ihrem *Kennwort* an.

7 Bestätigen Sie die Eingabe mit *ID bestätigen* **B**.

Im Internet werden eine Reihe Tools angeboten, um das DRM zu entfernen. Bitte beachten Sie: Das Entfernen des Kopierschutzes ist in Deutschland illegal. Der § 95a Urheberrechtsgesetz ist hier eindeutig.

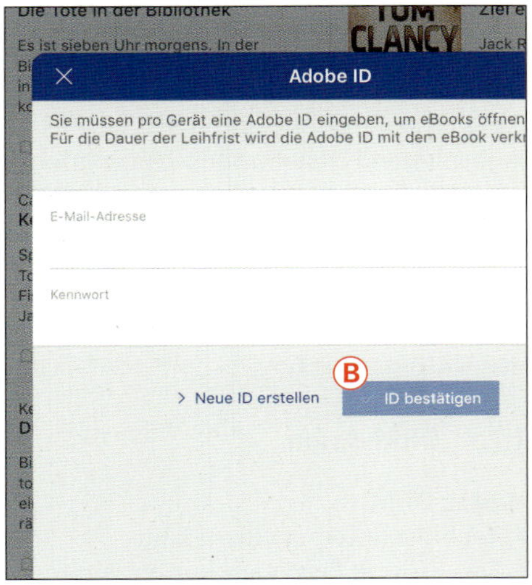

E-Book autorisieren

Gesetz über Urheberrecht und verwandte Schutzrechte (Urheberrechtsgesetz, UrhG)

§ 95a Schutz technischer Maßnahmen

(1) Wirksame technische Maßnahmen zum Schutz eines nach diesem Gesetz geschützten Werkes oder eines anderen nach diesem Gesetz geschützten Schutzgegenstandes dürfen ohne Zustimmung des Rechtsinhabers nicht umgangen werden, soweit dem Handelnden bekannt ist oder den Umständen nach bekannt sein muss, dass die Umgehung erfolgt, um den Zugang zu einem solchen Werk oder Schutzgegenstand oder deren Nutzung zu ermöglichen.

(2) Technische Maßnahmen im Sinne dieses Gesetzes sind Technologien, Vorrichtungen und Bestandteile, die im normalen Betrieb dazu bestimmt sind, geschützte Werke oder andere nach diesem Gesetz geschützte Schutzgegenstände betreffende Handlungen, die vom Rechtsinhaber nicht genehmigt sind, zu verhindern oder einzuschränken. Technische Maßnahmen sind wirksam, soweit durch sie die Nutzung eines geschützten Werkes oder eines anderen nach diesem Gesetz geschützten Schutzgegenstandes von dem Rechtsinhaber durch eine Zugangskontrolle, einen Schutzmechanismus wie Verschlüsselung, Verzerrung oder sonstige Umwandlung oder einen Mechanismus zur Kontrolle der Vervielfältigung, die die Erreichung des Schutzziels sicherstellen, unter Kontrolle gehalten wird.

(3) Verboten sind die Herstellung, die Einfuhr, die Verbreitung, der Verkauf, die Vermietung, die Werbung im Hinblick auf Verkauf oder Vermietung und der gewerblichen Zwecken dienende Besitz von Vorrichtungen, Erzeugnissen oder Bestandteilen sowie die Erbringung von Dienstleistungen, die

1. Gegenstand einer Verkaufsförderung, Werbung oder Vermarktung mit dem Ziel der Umgehung wirksamer technischer Maßnahmen sind oder
2. abgesehen von der Umgehung wirksamer technischer Maßnahmen nur einen begrenzten wirtschaftlichen Zweck oder Nutzen haben oder
3. hauptsächlich entworfen, hergestellt, angepasst oder erbracht werden, um die Umgehung wirksamer technischer Maßnahmen zu ermöglichen oder zu erleichtern.

(4) Von den Verboten der Absätze 1 und 3 unberührt bleiben Aufgaben und Befugnisse öffentlicher Stellen zum Zwecke des Schutzes der öffentlichen Sicherheit oder der Strafrechtspflege.

1.3 E-Book-Lesegeräte

1.3.1 Gerätetypen

Sie können E-Books auf E-Book-Readern und in E-Book-Reader-Apps auf allen digitalen Gerätedisplays lesen. Welches Gerät Sie nutzen, hängt von Ihren Anforderungen und auch Vorlieben ab. E-Book-Reader haben eine lange Akkulaufzeit, sind leicht und haben durch die E-Ink-Technologie ein scharfes, kontrastreiches Schwarzweißbild. Damit sind E-Reader sehr gut zum Lesen von Belletristik geeignet. Für Sach- und Fachbücher mit farbigen Abbildungen eignen sich Tablets besser.

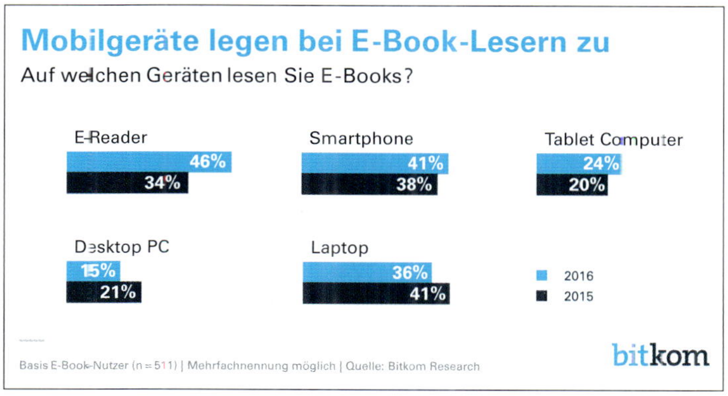

Nutzung von E-Book-Lesegeräten

1.3.2 Displaytechnologie

E-Ink-Displays
In fast allen E-Book-Readern steckt ein Schwarzweiß-Panel der *E Ink Corporation*. E-Ink-Displays verbrauchen nur beim Wechseln der Anzeige, z. B. beim Umblättern, Strom. Dadurch haben E-Reader eine deutlich längere Akkulaufzeit als Geräte mit LCD- oder OLED-Display. Farbige E-Ink-Displays sind nach Angaben der Firma *E Ink* marktreif.

Die Firma *E Ink* nutzt die Elektrophorese als Basis für E-Ink-Displays. Die Pigmente liegen in transparenten, ölgefüllten Mikrokapseln zwischen zwei Elektroden-Arrays. Die weißen Pigmente sind positiv geladen, die schwarzen negativ. Abhängig von der angelegten Ladung verändert sich die Position der Pigmente in der Mikrokapsel. Oben angeordnete weiße Pigmente bilden die „Papieroberfläche", die oben liegenden schwarzen Pigmente zeigen die Schrift. Aktuelle E-Reader haben eine Auflösung von 300 dpi.

Eine variable, vom Nutzer einstellbare Hintergrundbeleuchtung regelt die Helligkeit und die Farbtemperatur des Displays.

	E-Reader	Tablet	Smartphone	Computer
Lesbarkeit	🙂	🙂	😐	😐
Farbe	🙁	🙂	🙂	🙂
Bild/Grafik	😐	🙂	🙂	🙂
Video	🙁	🙂	🙂	🙂
Internet	😐	🙂	🙂	🙂
Bellestristik	🙂	🙂	😐	😐
Sachbuch	😐	🙂	😐	🙂
Displaygröße	😐	🙂	🙁	🙂
Akkulaufzeit	🙂	😐	😐	🙂
Gewicht	🙂	😐	🙂	🙁

Bewertung von E-Book-Lesegeräten

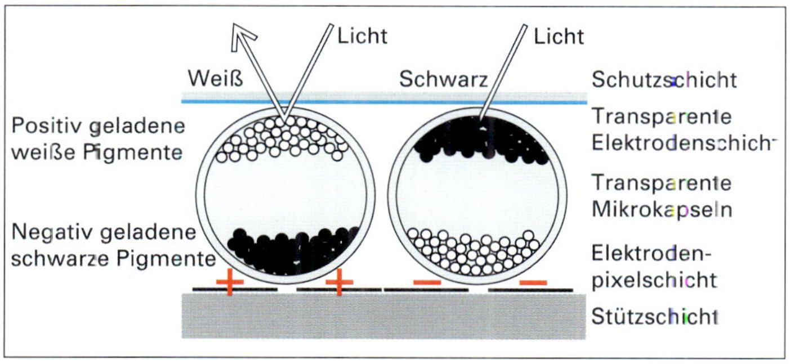

Schematische Darstellung der E-Ink-Technologie

LC- oder TFT-Displays

Beide Bezeichnungen benennen den gleichen Monitortyp bzw. Displaytyp. LCD steht für „Liquid Crystal Display“, Flüssigkristall-Anzeige, beschreibt also das Prinzip der Anzeige. TFT heißt „Thin Film Transistor“ und gibt die Art der Anzeigenansteuerung an. Diese Displaytechnologie wird, außer bei E-Readern, bei allen Lesegeräten eingesetzt. Ihr Funktionsprinzip besteht darin, dass es organische Materialien (Flüssigkristalle) gibt, die durch Anlegen eines elektrischen Feldes ihre Lage verändern und dabei lichtdurchlässig werden. Das elektrische Feld ist durch winzige elektronische Schalter (Transistoren) ein- oder ausschaltbar. Da sich Farben additiv aus den drei Grundfarben Rot, Grün und Blau zusammensetzen, werden für jeden Bildpunkt drei Transistoren benötigt. Die Farben werden mit Hilfe von Farbfiltern aus weißem Licht gewonnen.

OLED-Displays

OLED steht für organische Leuchtdiode (englisch organic light emitting diode). OLED-Displays kommen vor allem in Smartphones, Tablets und bei Fernsehern zum Einsatz.

OLEDs leuchten im Gegensatz zu LCDs selbst. Eine zusätzliche Beleuchtung ist nicht nötig. Licht und Farbe erzeugen die OLEDs selbst und wenn sie Schwarz darstellen, bleiben sie einfach aus. Eine OLED besteht aus zwei Elektroden, von denen mindestens eine transparent sein muss. Im Zwischenraum befinden sich organische Halbleiterschichten. Gleichstrom sorgt nun dafür, dass die organischen Schichten leuchten. Eine tolle Helligkeit und tiefes Schwarz sind aber nicht alles: OLEDs können außerdem unterschiedliche Graustufen wiedergeben. Der Stromfluss wird dabei durch eine vorgeschaltete Elektronik geregelt.

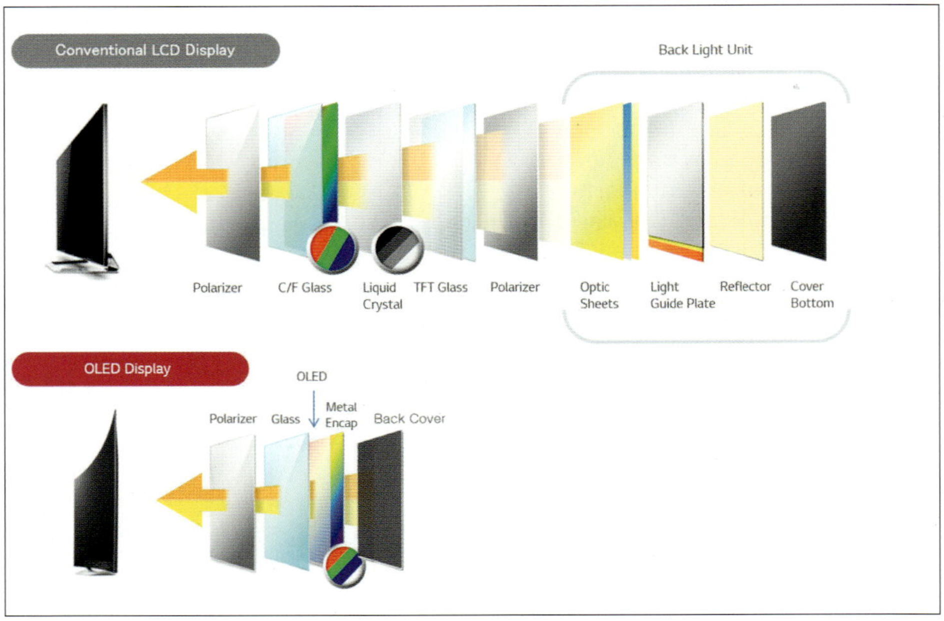

Schematische Darstellung der Farbdisplay-Technologien
Oben: LC-Display
Unten: OLED-Display

1.3.3 Leseeinstellungen

In gedruckten Büchern machen Sie Anmerkungen am Rand, markieren bestimmte Textteile und fügen Lesezeichen hinzu, um Seiten schnell wieder zu finden.

Im E-Book-Reader oder der E-Book-App sind verschiedene Leseeinstellungen möglich. Umfang und Art der Einstellungen unterscheiden sich je nach Plattform.

Markierungen im gedruckten Buch

Kindle-App – Making of ...

1. Öffnen Sie die Kindle-App auf dem Tablet.
2. Öffnen Sie das Buch in der Bibliothek.
3. Öffnen Sie die Leseeinstellungen durch Tippen auf die aktuelle Seite.

Einstellungsoptionen

A Zur Bibliothek
B Inhaltsverzeichnis
C Stichwortsuche
D Seitenübersicht
E Anmerkungen, Notizbuch
F Helligkeitseinstellung
G Karteikarten
H Lesezeichen setzen
I Seitennavigation

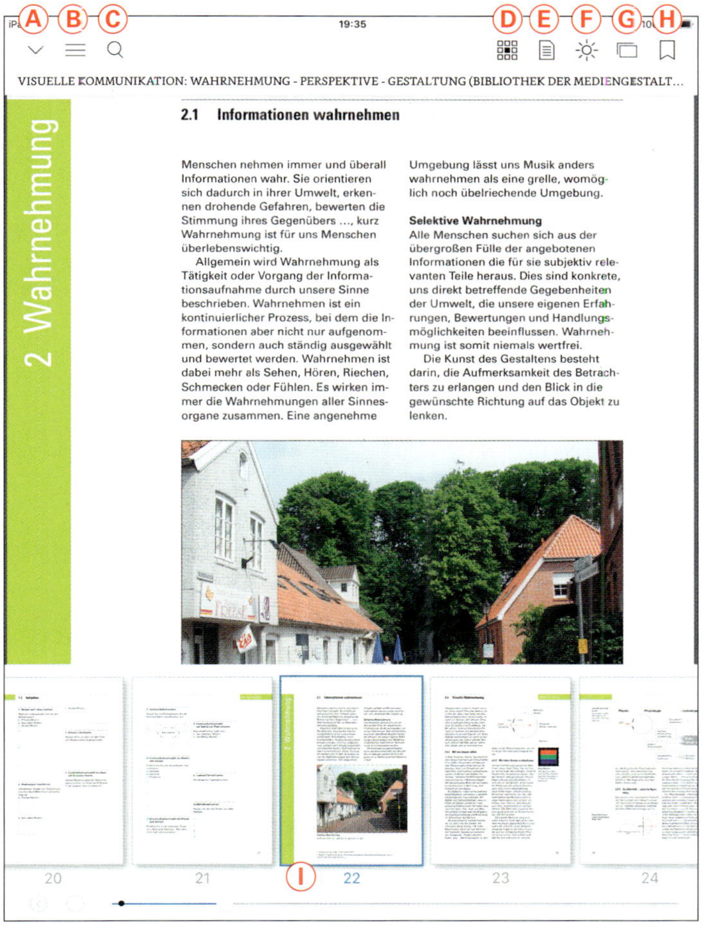

Leseeinstellungen in der Kindle-App

Tolino – Making of …

1 Öffnen Sie den Tolino.

2 Öffnen Sie das Buch in der Bibliothek.

3 Öffnen Sie die Leseeinstellungen durch Tippen auf die aktuelle Seite. Die Leseeinstellungen unterscheiden sich je nach Dateiformat des E-Books.

Einstellungsoptionen – EPUB

A Zurück zur vorherigen Ansicht
B Lage der Ansicht
C Inhaltsverzeichnis
D Lesezeichen, Markierungen und Notizen
E Textdarstellung
F Beleuchtungseinstellung
G Stichwortsuche
H Seitennavigation

Einstellungsoptionen – PDF

A Zurück zur vorherigen Ansicht
B Lage der Ansicht
C Inhaltsverzeichnis
D Konvertieren in ein Textdokument, Rückkehr in PDF-Ansicht ist möglich
E Lesezeichen, Markierungen und Notizen
F Beleuchtungseinstellung
G Größe der Ansicht
H Seitennavigation

Leseeinstellungen auf dem Tolino
Links: EPUB
Rechts: PDF

1.4 EPUB

EPUB ist das Akronym für *Electronic Publication*. Der EPUB-Standard ist ein offener und frei verfügbarer Standard für E-Books. Er basiert auf XHTML und CSS sowie XML. EPUB wurde vom International Digital Publishing Forum (IDPF), idpf.org, entwickelt. Mit Wirkung vom 30. Januar 2017 hat sich IDPF mit dem W3C verbunden, W3Cw3.org/publishing bzw. www.w3.org/publishing/groups/epub3-cg. Die IDPF-Website ist nur noch ein Archiv.

1.4.1 EPUB-Formate

Für die EPUB-Produktion gibt es aktuell zwei Formate.

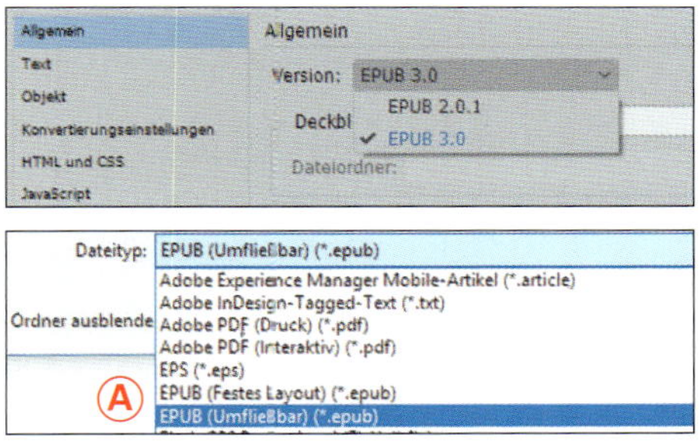

InDesign EPUB-Exportoptionen

- *EPUB 2*
  EPUB 2 wurde 2007 vom International Digital Publishing Forum, IDPF, standardisiert. EPUB 2 hat eine Reihe technische Beschränkungen. So ist die Einbindung von Multimedia-Objekten und JavaScript in EPUB 2 nicht möglich. Trotzdem ist die Version EPUB 2, z. B. für die Produktion von Romanen als E-Book, immer noch weit verbreitet. EPUB 2 bietet den Vorteil, stabil und mit allen Lesesystemen kompatibel zu sein.
- *EPUB 3*
  2014 wurde EPUB 3 eingeführt. EPUB 3 ist in vielen Systemen implementiert. Neben der Möglichkeit, Multimedia-Objekte einzubinden, lassen sich in EPUB 3 auch umfließbare oder fixe Layouts **A** erstellen. Aktuell wird die Version 3.2 vom W3C entwickelt.

Medientypen (EPUB 3.2)	
Bilder und Grafiken	
image/gif	GIF-Bilder
image/jpeg	JPEG-Bilder
image/png	PNG-Bilder
image/svg+xml	SVG-Dokumente
Audio	
audio/mpeg	MP3-Audio
audio/mp4	AAC LC-Audio mit MP4-Container
Video	
EPUB3 ermöglicht die Video-Integration. Weitere Informationen zur Unterstützung von Video-Codecs finden Sie in den EPUB-Veröffentlichungen des W3C.	
Stil	
text/css	CSS-Stylesheets
Schriftarten	
font/ttf application/font-sfnt	TrueType-Schriftarten
font/otf application/font-sfnt application/vnd.ms-opentype	OpenType-Schriftarten
font/woff application/font-woff	WOFF-Schriftarten
font/woff2	WOFF2-Schriften
Andere	
application/xhtml+xml	XHTML-Inhalt-Dokumente, die die XHTML-Syntax [HTML] verwenden.
application/javascript	
text/javascript	Skripte
application/x-dtbncx+xml	Das alte NCX
application/smil+xml	EPUB-Media-Overlay-Dokumente
application/pls+xml	Text-zu-Sprache (TTS) Aussprache-Lexika

1.4.2 EPUB-Struktur

Ein EPUB-E-Book ist ein ZIP-Archiv, das mehrere andere Dateien enthält. Diese Dateien beinhalten Texte, Bilder, Multimedia-Objekte, Inhaltsverzeichnis, Stylesheets, Schriftarten und Metadaten. Schauen wir uns die Struktur eines EPUBs einmal näher an. Als Beispiel haben wir ein einfaches E-Book erstellt. Unser E-Book hat als Inhalt nur den Klassiker, den Sie aus der Programmierung kennen: „Hallo Welt!“.

Making of ...

Analyse der EPUB-Struktur an der Beispieldatei *hallowelt.epub*. Die Erstellung einer EPUB-Datei wird ab Seite 22 beschrieben.

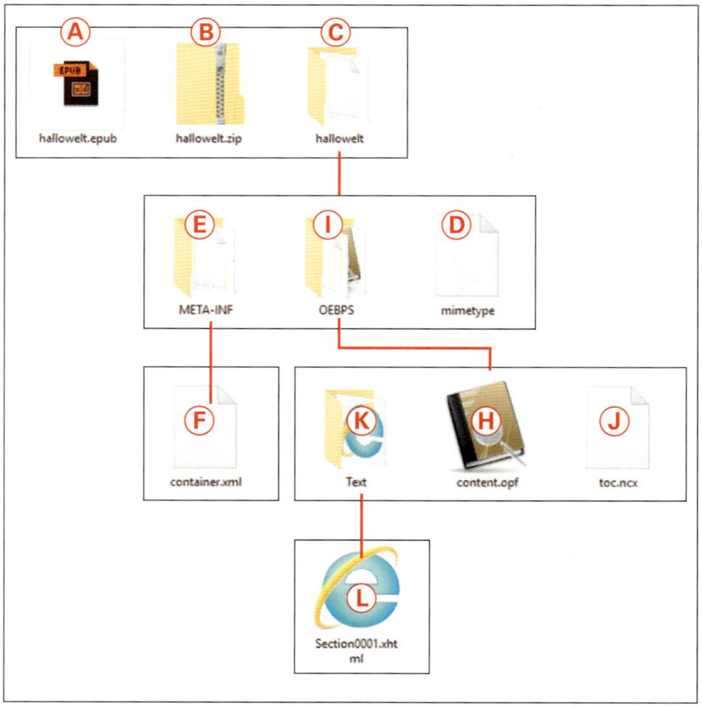

EPUB-Struktur

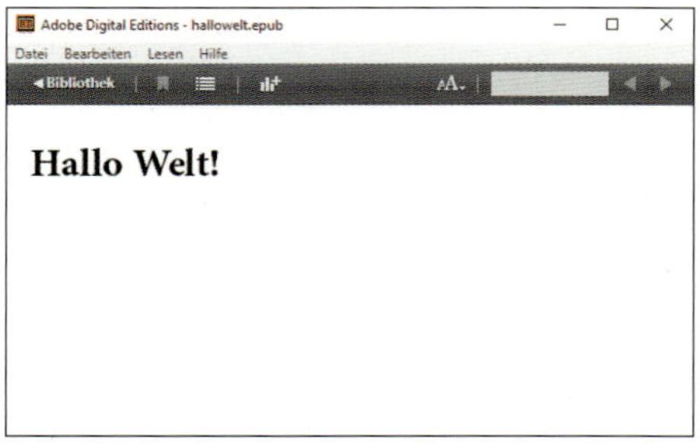

E-Reader Adobe Digital Edition auf dem Computer

1 Kopieren Sie die EPUB-Datei *hallowelt.epub*.

2 Ändern Sie den Dateinamen *hallowelt.epub* **A** in *hallowelt.zip* **B**.

3 Entpacken Sie das ZIP-Archiv.

4 Öffnen Sie den entpackten Ordner *hallowelt* **C**. Es befinden sich darin drei Objekte.

5 Öffnen Sie die Datei *mimetype* **D** im Editor, z.B. Notepad++. Die Datei *mimetype* steht immer auf der ersten Ebene im EPUB-Container. Sie enthält die Information, dass es sich um eine EPUB-Applikation mit ZIP-Funktionalität handelt.

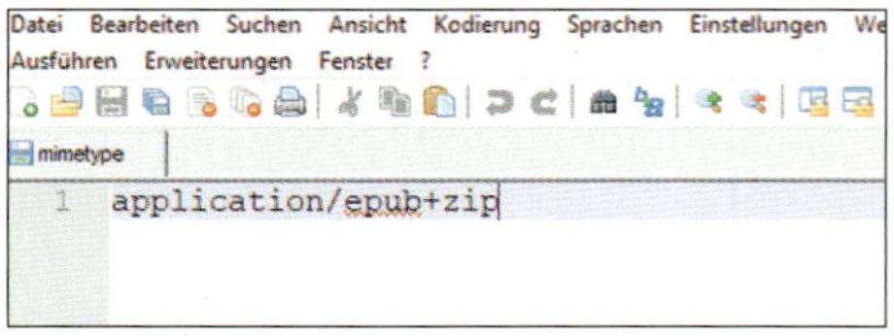

Datei: mimetype

6 Öffnen Sie im Ordner *META-INF* **E** die Datei *container.xml* **F** im Editor. In der Datei ist der Pfad **G** zur Datei *content.opf* **H** im Ordner *OEBPS* **I** angegeben.

```
<?xml version="1.0" encoding="UTF-8"?>
<container version="1.0" xmlns=
"urn:oasis:names:tc:opendocument:xmlns
:container">
    <rootfiles>
        <rootfile full-path=
        "OEBPS/content.opf"
     G  media-type=
        "application/oebps-package+xml
        "/>
    </rootfiles>
</container>
```

Datei: container.xml

7 Öffnen Sie im Ordner *OEBPS* **I** die Datei *toc.ncx* **J** im Editor. NCX steht für Navigation Center eXtended. Die Datei enthält das Inhaltsverzeichnis der EPUB-Datei mit den Pfadangaben zu den einzelnen Kapiteln. In unserem Beispiel nur zu der Datei *Section0001.xhtml* **L**.

```
toc.ncx
<?xml version="1.0" encoding="utf-8"?>
<!DOCTYPE ncx PUBLIC "-//NISO//DTD
ncx 2005-1//EN"
   "
   http://www.daisy.org/z3986/2005/ncx
   -2005-1.dtd">
<ncx xmlns="
http://www.daisy.org/z3986/2005/ncx/"
 version="2005-1">
  <head>
    <meta name="dtb:uid" content=
    "urn:uuid:1971ac27-79e7-4f0e-b86e-
    c87826bbb712" />
    <meta name="dtb:depth" content=
    "0" />
    <meta name="dtb:totalPageCount"
    content="0" />
    <meta name="dtb:maxPageNumber"
    content="0" />
  </head>
<docTitle>
  <text>Unknown</text>
</docTitle>
<navMap>
<navPoint id="navPoint-1" playOrder=
"1">
  <navLabel>
    <text>Start</text>
  </navLabel>
  <content src=
  "Text/Section0001.xhtml" />
</navPoint>
</navMap>
</ncx>
ln:14   Col:4   Sel:0|0   Windows (CR LF)   UTF-8   INS
```

Datei: toc.ncx

8 Öffnen Sie im Ordner *OEBPS* **I** die Datei *content.opf* **H** im Editor. Die Datei *content.opf* bestimmt das Verhalten aller Dateien des EPUB-Containers im E-Book-Reader bzw. der E-Book-App. Die Datei hat die Dateinamenserweiterung „.opf". OPF steht für Open Packaging Format.

```
Datei  Bearbeiten  Suchen  Ansicht  Kodierung  Sprachen  Einstellungen
Werkzeuge  Makro  Ausführen  Erweiterungen  Fenster  ?
content.opf
<?xml version="1.0" encoding=
"utf-8"?>
<package version="2.0"
unique-identifier="BookId" xmlns=
"http://www.idpf.org/2007/opf">
  <metadata xmlns:dc=
  "http://purl.org/dc/elements/1.1/"
   xmlns:opf=
  "http://www.idpf.org/2007/opf">
    <dc:identifier opf:scheme=
    "UUID" id="BookId">
    urn:uuid:1971ac27-79e7-4f0e-b86e
    -c87826bbb712</dc:identifier>
    <dc:language>de</dc:language>
    <dc:title>[Titel hier eingeben]
    </dc:title>
    <meta content="0.9.10" name=
    "Sigil version" />
    <dc:date opf:event=
    "modification" xmlns:opf=
    "http://www.idpf.org/2007/opf">
    2018-09-28</dc:date>
  </metadata>
  <manifest>
    <item id="ncx" href="toc.ncx"
    media-type=
    "application/x-dtbncx+xml"/>
    <item id="Section0001.xhtml"
    href="Text/Section0001.xhtml"
    media-type=
    "application/xhtml+xml"/>
  </manifest>
  <spine toc="ncx">
    <itemref idref=
    "Section0001.xhtml"/>
  </spine>
  <guide>
  </guide>
</package>
ln:1   Col:1   Sel:0|0   Windows (CR LF)   UTF-8   INS
```

Datei: content.opf

9 Öffnen Sie im Ordner *Text* **K** die Datei *Section0001.xhtml* **L** im Editor. Hier steht der Inhalt unseres E-Books **M**.

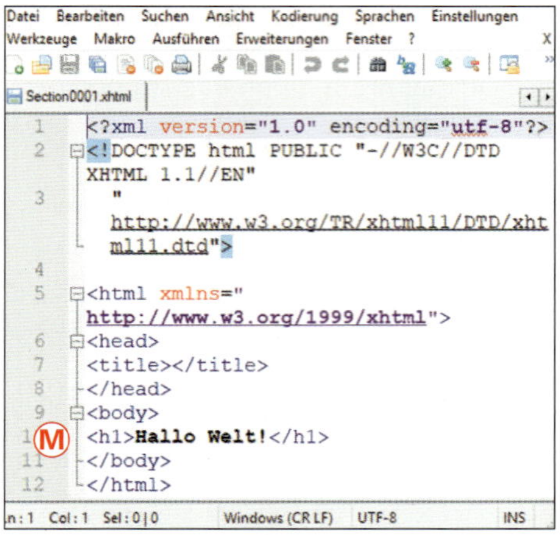

Datei: Section0001.xhtml

Layout
Layout kommt vom englischen *to lay*, auf Deutsch *legen, stellen* oder *setzen, to lay out something* heißt in der Übersetzung *etwas anlegen* oder *entwerfen*.

1.4.3 Layout

EPUB ist Webtechnologie. Inhalte, Struktur und Design eines EPUB-E-Books sind wie bei Internetseiten in HTML- und CSS-Dateien gespeichert. Ein EPUB-Reader arbeitet wie ein Browser und ist somit nicht seiten-, sondern viewportorientiert. Dies widerspricht dem Anspruch, das Layout gedruckter Bücher als EPUB-E-Books zu publizieren. Deshalb gibt es das fließende Reflowable-Layout und das Fixed Layout.

Fixed Layout

Bei der Übertragung des Printdesigns in das E-Book steht die Beibehaltung des Aussehens der Buchseiten im Vordergrund. Ein Beispiel dafür sind die E-Books der Bibliothek der Mediengestaltung auf Seite 8. Fixed Layout ist deshalb Standard bei der Konvertierung digitaler Printlayouts in EPUB-E-Books oder -Magazine. Das Layout gedruckter Medien ist grundsätzlich immer seitenorientiert. Für die Seitengestaltung sind vier Gestaltungsfaktoren bestimmend:

- Seitenformat
- Satzspiegel mit Paginierung
- Grundlinienraster
- Spalten

Ein Vorteil dieses Layouttyps ist die exakte Übertragung des Printlayouts, z. B. beim Export aus InDesign, in die EPUB-Datei. Ein Nachteil ist die geringe Anpassungsfähigkeit an die Formate und Einstellungsoptionen der unterschiedlichen E-Book-Reader und Lese-Apps.

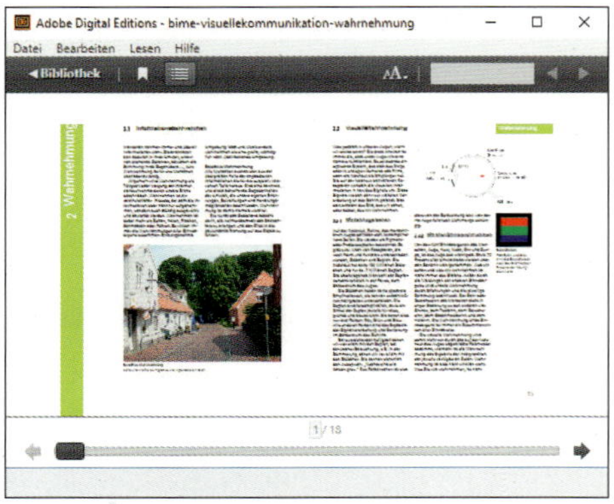

Fixed Layout im E-Reader

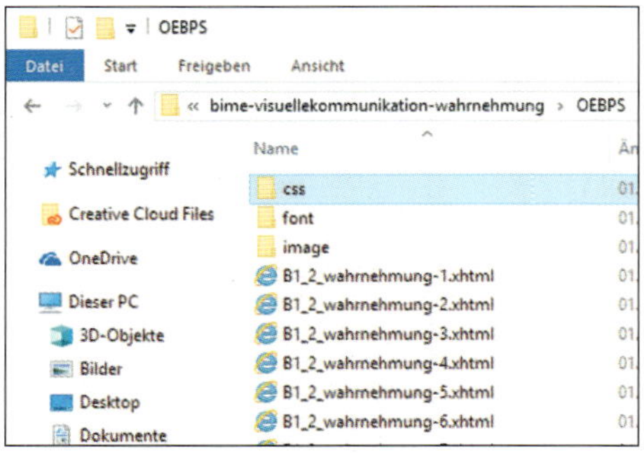

EPUB-Dateien und Ordnerstruktur
Jede xhtml-Datei ist eine Seite.

Reflowable Layout

Das Reflowable Layout ist vergleichbar mit dem responsiven Webdesign von Internetseiten. Es ermöglicht die flexible Anpassung an das Display des Readers. Die Flexibilität schränkt allerdings die Möglichkeiten der Layoutkontrolle durch CSS stark ein.

Aus der Arbeit mit CSS bei der Erstellung von Internetseiten haben Sie die CSS-Kaskadierung kennengelernt:

- Externe CSS-Definition in einer eigenen Datei
- Zentrale CSS-Definition im Dateikopf
- Lokale CSS-Definition im HTML-Element

Dabei gilt die Regel, dass die CSS-Definition, die dem Element am nächsten liegt, die höhere Priorität hat.

Für die CSS in EPUB-E-Books gibt es ebenfalls eine Kaskadierung. Auch hier gilt die Regel, dass die CSS-Definition, die dem Element am nächsten liegt, die höhere Priorität hat. Die drei Stufen der EPUB-Kaskade sind:

- Autoren- bzw. Verlags-CSS
- Reader-Default-CSS
- Individuelle Nutzereinstellungen

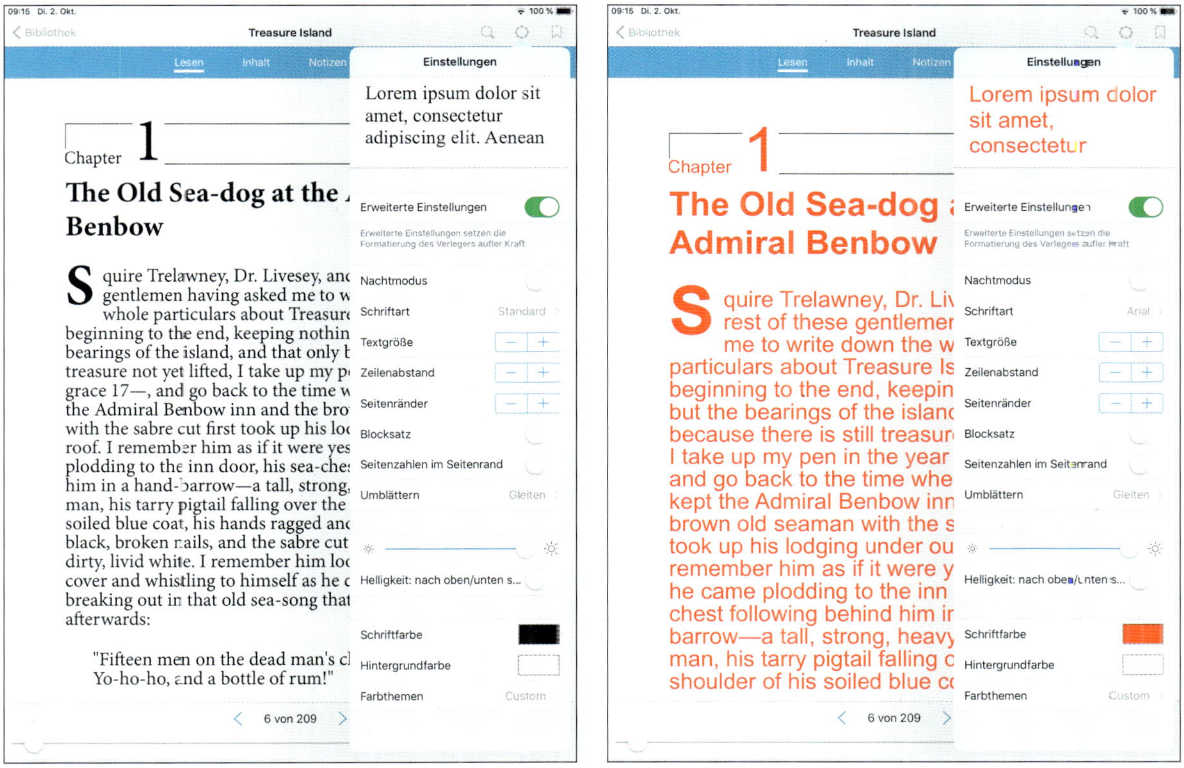

Reflowable Layout

Layoutanpassung durch Nutzereinstellungen auf dem kostenlosen Bluefire-Reader

1.4.4 Schrift

Die typografische Gestaltung wird in EPUB-E-Books mit HTML und CSS umgesetzt. Leider lässt sich die klassische Buchtypografie im Fixed Layout mit Einschränkungen, im Reflowable Layout gar nicht umsetzen. Orientieren Sie sich stattdessen an der Webtypografie. In den beiden Bänden „Webdesign" und „HTML5 und CSS3" der Bibliothek der Mediengestaltung finden Sie dazu die technischen und gestalterischen Grundlagen.

Fonts

Die W3C-EPUB-Spezifikationen erlauben die Verwendung von TrueType Font (TTF), OpenType Font (OTF) und Web Open Font Format (WOFF). Um die Kompatibilität mit möglichst vielen E-Readern zu erreichen, empfehlen wir die Verwendung von OTF-Schriften.

E-Books werden meist offline gelesen. Sie müssen deshalb die von Ihnen gewählte und lizenzierte Schrift in das EPUB einbetten. Kommerziell frei nutzbare Webfonts können Sie z.B. vom Google Webfont Project, fonts.google.com, oder Font Squirrel, www.fontsquirrel.com, herunterladen.

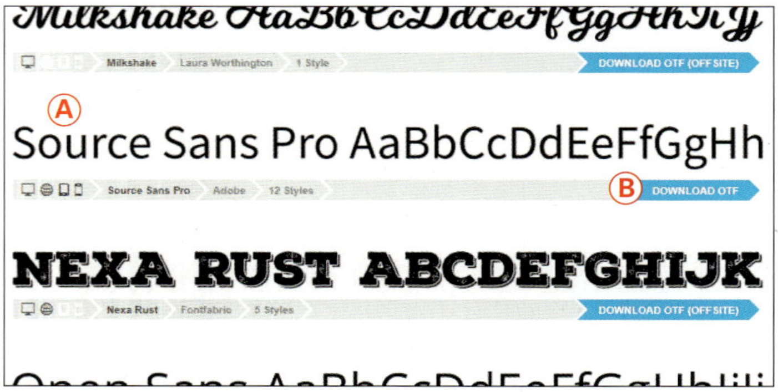

OTF-Webfonts
www.fontsquirrel.com

Making of...

Der OT-Font *Source Sans Pro* soll von der Plattform *Font Squirrel* auf den Computer heruntergeladen werden.

1. Öffnen Sie im Browser die Startseite von Font Squirrel, www.fontsquirrel.com.
2. Wählen Sie in der Schriftenliste den Font *Source Sans Pro* **A** aus.
3. Laden Sie den Font mit *Download OTF (Off Site)* **B** auf Ihren Computer.

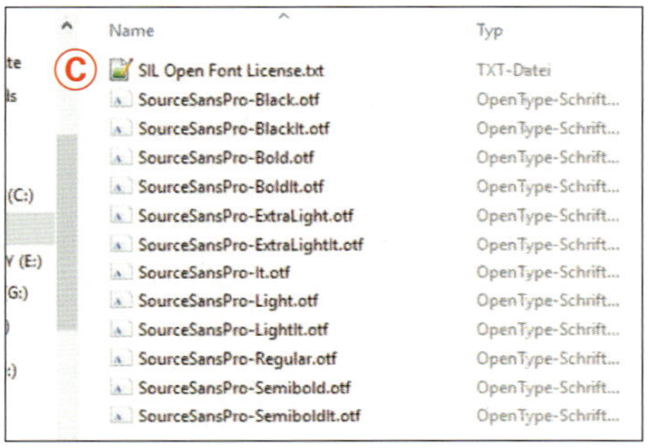

Webfont Source Sans Pro
Schriftschnitte und Lizenzdatei

Open Font License – OFL C

Das Summer Institute of Linguistics (SIL), www.sil.org, hat eine Open-Source-Lizenz für Fonts entwickelt. Diese Open Font License (OFL) regelt die Nutzung, Analyse, Veränderung und Weiterverbreitung von Fonts auch innerhalb kommerzieller Software. Sie können Fonts mit dieser Lizenz in kommerziellen und privaten Print- und Digitalmedien kostenlos und frei nutzen. Bei der Nutzung muss aber immer auf die OFL verwiesen werden. Binden Sie deshalb auch die Lizenz als Textdatei in das EPUB ein.

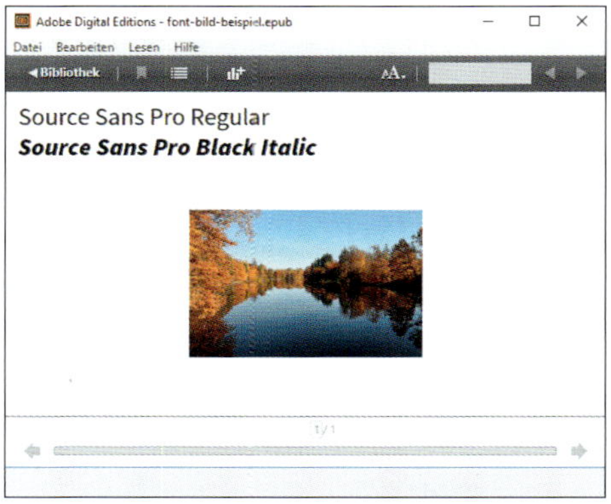

Benutzerdefinierte Fonts mit Bild im E-Reader

```
@font-face {
    font-family:"Source Sans Pro Black";
    font-style:italic;
    font-weight:900;
    src : url("../font/SourceSansPro-BlackIt.otf");
}
@font-face {
    font-family:"Source Sans Pro Black";
    font-style:oblique;
    font-weight:900;
    src : url("../font/SourceSansPro-BlackIt.otf");
}
@font-face {
    font-family:"Source Sans Pro";
    font-style:normal;
    font-weight:normal;
```

Datei: Styles.css

Verknüpfung mit den Schriften im Ordner *font*

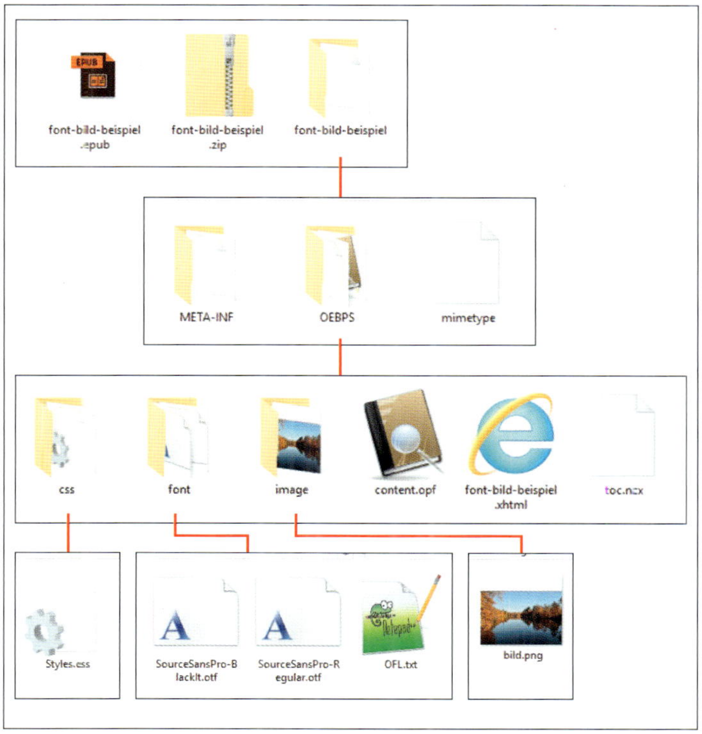

EPUB-Struktur

1.4.5 Bilder und Grafiken

Bilder und Grafiken in EPUB-E-Books werden im Ordner *image* gespeichert. Die Verlinkung und Formatierung erfolgt mit HTML und CSS.

```
            "Einfacher-Textrahmen">
                <p class="Einf--Abs-"><span class=
                "CharOverride-1">Source Sans Pro Regular
                </span></p>
                <p class="Einf--Abs-"><span class=
                "CharOverride-2">Source Sans Pro Black
                Italic</span></p>
            </div>
            <div class="_idGenObjectLayout-1">
                <div id="_idContainer001">
               (A)  <img class="_idGenObjectAttribute-1"
                    src="image/bild.png" alt="" />
                </div>
            </div>
        </body>
</html>
```

Datei: font-bild-beispiel.xhtml

Verknüpfung **A** mit der Bilddatei *bild.png* im Ordner *image*

Aktuell gibt es vier Dateiformate für Bilder und Grafiken in EPUB-E-Books.

Fotos und Pixelgrafiken

- *GIF, Graphics Interchange Format*
  GIF besitzt eine Farbtiefe von bis zu 8 Bit und kann damit maximal 256 Farben darstellen. Wegen der Beschränkung auf 256 Farben eignet sich das GIF-Format nur für Abbildungen mit wenigen Farben: Infografiken, Diagramme, Buttons, Logos, Strichzeichnungen, Text als Grafik.
- *JPEG, Joint Photographic Experts Group*
  JPEG-Bilder können bis zu $2^{24} = 16{,}7$ Millionen Farben enthalten und besitzen damit den kompletten RGB-Farbumfang. Gut geeignet für Fotos,

geringe Dateigröße, aber verlustbehaftete Komprimierung.

- *PNG, Portable Network Graphics*
  Das Format liegt in zwei Versionen vor: PNG-8 und PNG-24.
  PNG-8 beschränkt die Farbanzahl auf 8 Bit, was 256 (2^8)Farben entspricht. PNG-24 speichert Bilder wie JPEG mit 2^{24} = 16,7 Millionen Farben. Im Unterschied zu JPEG komprimiert PNG-24 verlustfrei, zeigt also nicht die JPEG-typischen Artefakte, daher sehr gut geeignet für Fotos, hat aber höhere Dateigröße als JPEG.

Vektorgrafiken

- *SVG, Scalable Vector Graphic*
  Bei SVG handelt es sich im Unterschied zu den drei vorherigen Formaten um ein Format für Vektorgrafiken. Vektorgrafiken speichern den Bildinhalt nicht Pixel für Pixel ab, sondern beschreiben die Elemente der Grafik mathematisch. Ein Kreis ist z. B. durch seinen Mittelpunkt und Radius definiert. Eine Vektorgrafik wird erst beim Öffnen im E-Reader in Pixel umgerechnet.

1.4.6 EPUB mit InDesign erstellen

InDesign, das Layoutprogramm für die Erstellung von Printmedien, hat sich von Version zu Version immer stärker auch zum Programm für die Erstellung digitaler Dokumente entwickelt. Beim Layout für EPUB-E-Books unterscheidet InDesign zwischen Fixed Layout und Reflowable Layout. Fixed Layout ist für den Export eines Printlayouts als E-Book gedacht. Das Reflowable Layout ist für klassische E-Book-Produktionen geeignet mit flexiblen Nutzereinstellungen und Kompatibilität mit allen gängigen Readern. Um die maximale Kompatibilität zu gewährleisten, exportieren wir unser Beispielprojekt im Reflowable Layout in der Version 2.01.

Dokument – Making of ...

Ein E-Book mit Titelseite, Kapitelgliederung, Bildern und navigierbarem Inhaltsverzeichnis soll als EPUB erstellt werden.

1 Erstellen Sie ein neues InDesign-Dokument unter Menü *Datei > Neu > Dokument...*
Die Werte entnehmen Sie dem Screenshot.

Text – Making of ...

Verwenden Sie Platzhaltertext.

1 Klicken Sie in den automatischen Textrahmen auf der ersten Seite. Fügen Sie mit Menü *Schrift > Mit Platzhaltertext füllen* Text ein. Es werden automatisch alle Seiten mit verkettetem Text gefüllt. Sie können die Texte und die Seitenanzahl später noch verändern.

2 Gliedern Sie den Text mit drei Überschriftebenen. Die beiden Kapitelebenen sollen nummeriert sein:
- 1 Hauptkapitel
- 1.1 Unterkapitel
- Zwischenüberschrift

3 Erstellen Sie für die Überschriften und den Grundtext *Absatzformate*.

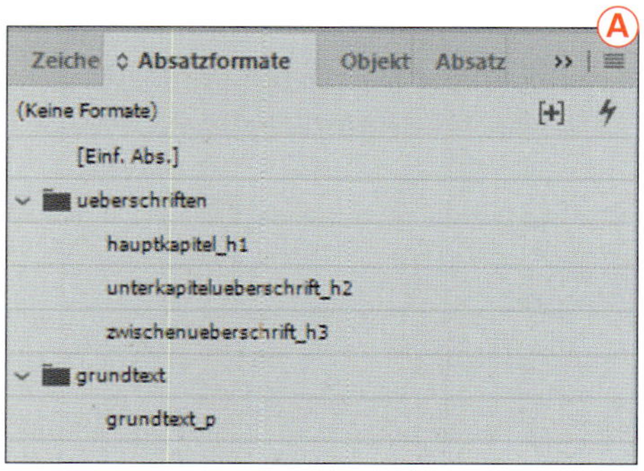

4 Erstellen Sie zwei *Zeichenformate* zur Auszeichnung im Grundtext.

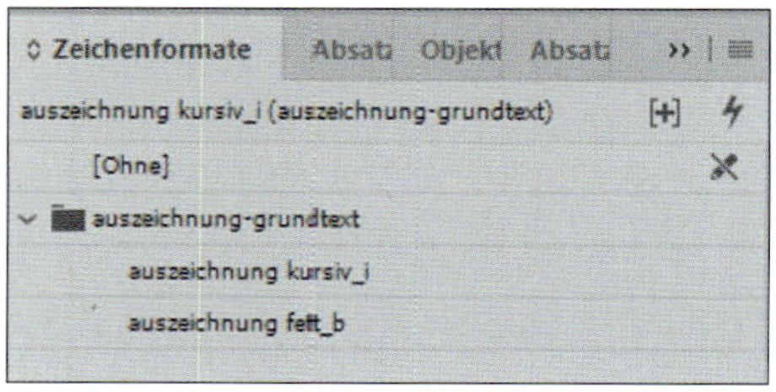

5 Ordnen Sie die Textformate den Überschriften und dem Grundtext zu.

6 Ordnen Sie den Textformaten die passenden HTML-Tags zu. Öffnen Sie dazu im Fenster *Absatzformate* das Kontextmenü **A** *Alle Exporttags bearbeiten...*

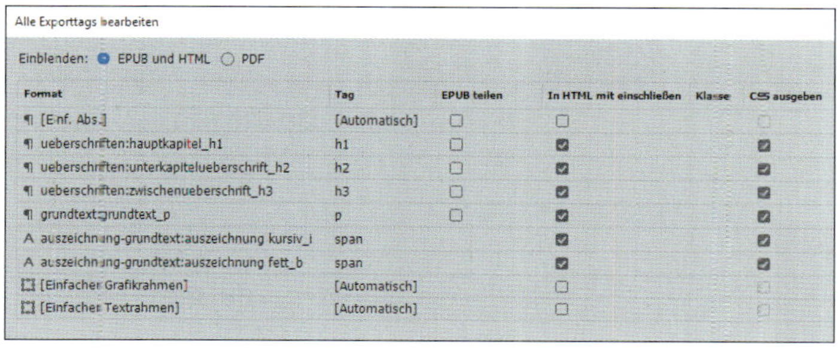

7 Exportieren Sie das Dokument als EPUB unter Menü *Datei > Exportieren...*

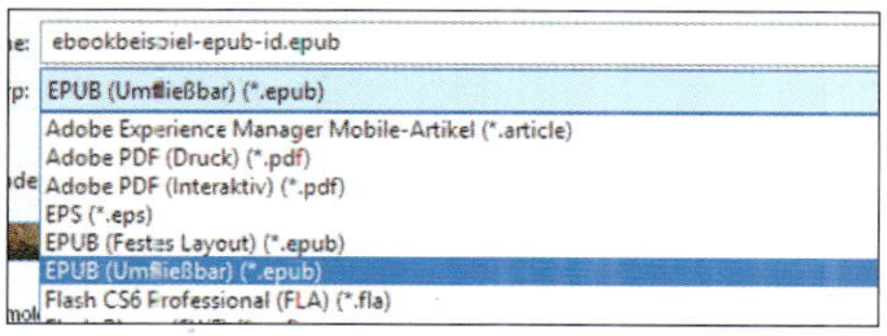

8 Speichern Sie die Datei als *EPUB (umfließbar) (*.epub)*.

9 Nach dem Speichern öffnet sich der Exportdialog.
- Version: *EPUB 2.0.1* **B**
- Deckblatt: *Ohne* **C**

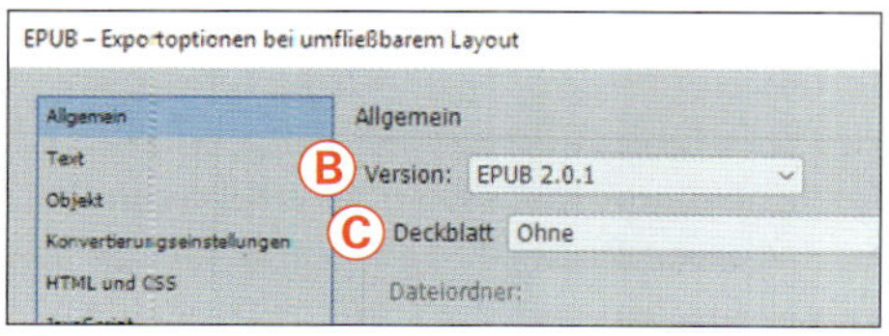

Erste Seite im E-Book-Reader

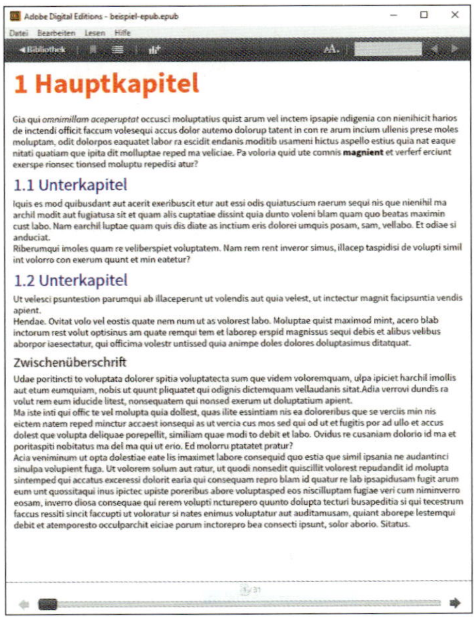

Deckblatt – Making of ...

Das E-Book soll mit einem *Deckblatt* ergänzt werden. *Deckblatt* **A** ist die etwas unglückliche Übersetzung des englischen Begriffs *Cover*. Gemeint ist der Buchtitel oder der Buchumschlag.

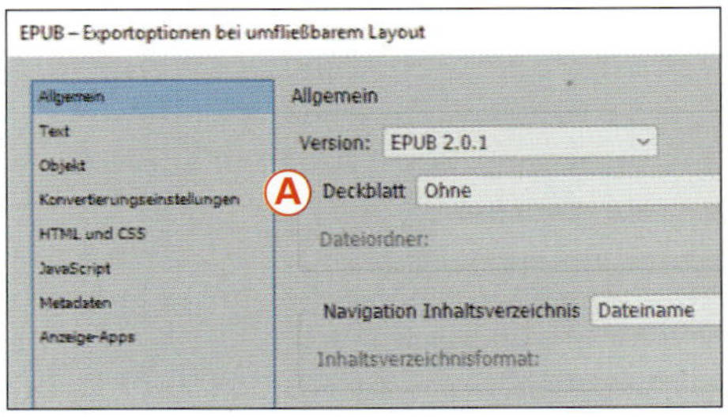

Der Buchumschlag ist bei gedruckten Büchern entscheidend, ob Sie ein Buch in der Buchhandlung in die Hand nehmen. In Online-Buchhandlungen klicken Sie auf das Bild des Buchtitels, egal ob gedrucktes Buch oder E-Book. Bei E-Books hat das Cover noch eine weitere Funktion. Es wird in der Bibliothek auf Ihrem Reader angezeigt.

1 Erstellen Sie in Photoshop einen ganzseitigen Buchtitel.

2 Speichern Sie den Buchtitel als *titelbild.png*.

3 Öffnen Sie den Exportdialog, Menü *Datei > Exportieren...*

4 Öffnen Sie den Importdialog mit *Deckblatt > Bild auswählen* **B**.

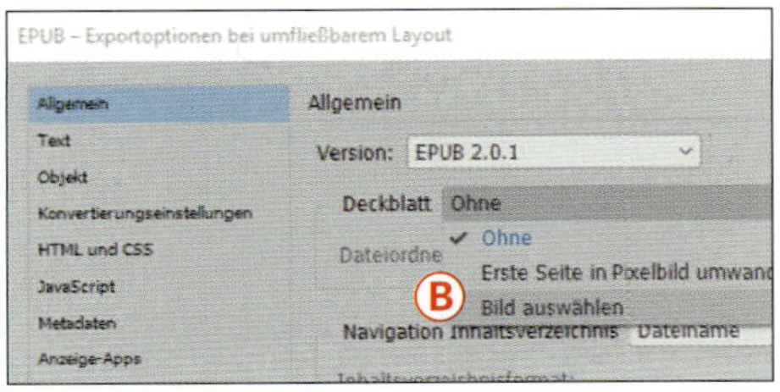

5 Geben Sie den Dateipfad **C** zur Datei *titelbild.png* an.

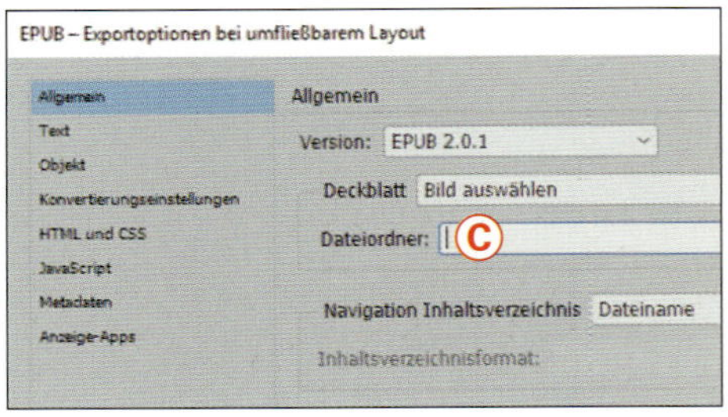

6 Exportieren Sie das E-Book.

7 Öffnen Sie das E-Book im E-Book-Reader. In unserem Beispiel im kostenlosen E-Book-Reader *Adobe Digital Editions* auf dem Computer.

Buchtitel im E-Book-Reader

Absatzformatoptionen – Making of ...

Unser E-Book enthält mehrere Hauptkapitel. Jedes Hauptkapitel soll im E-Reader mit einer neuen Seite beginnen.

1 Öffnen Sie mit Doppelklick auf das Absatzformat *hauptkapitel_h1* in der Absatzformatpalette die Absatzformatoptionen.

2 Wählen Sie bei Umbruchoptionen **A** den *Absatzbeginn: Auf nächster Seite* **B**.

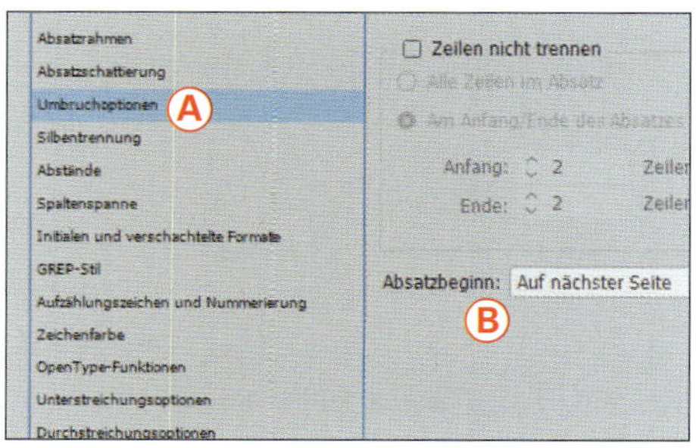

Inhaltsverzeichnis – Making of ...

Das E-Book soll mit einem Inhaltsverzeichnis ergänzt werden. Ein Inhaltsverzeichnis ist für EPUBs verbindlich. Es wird beim EPUB-Export automatisch als Datei „toc.ncx“ gespeichert. Der Dateiname *toc* steht für *table of content*. Die Dateiendung *.ncx* bedeutet *Navigation Control File For XML* und wurde vom International Digital Publishing Forum, IDPF, eingeführt.

1 Speichern Sie das ID-Dokument.

2 Öffnen Sie unter Menü *Layout > Inhaltsverzeichnis...* das Dialogfenster *Inhaltsverzeichnis*.

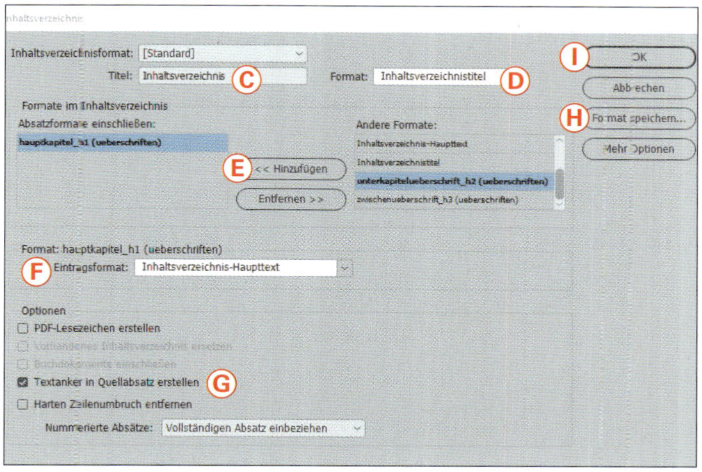

3 Benennen Sie den Titel als *Inhaltsverzeichnis* **C**.

4 Weisen Sie dem Titel das Absatzformat *Inhaltsverzeichnistitel* **D** zu.

5 Fügen Sie die beiden Absatzformate *hauptkapitel_h1* und *unterkapitelueberschrift_h2* mit *Hinzufügen* **E** hinzu.

6 Weisen Sie den Einträgen jeweils das Absatzformat *Inhaltsverzeichnis-Haupttext* **F** zu.

7 Setzen Sie die Option *Textanker in Quellabsatz erstellen* **G**. Damit können Sie im E-Reader direkt aus dem Inhaltsverzeichnis an die entsprechende Buchstelle springen.

8 Speichern Sie das Inhaltsverzeichnisformat mit *Format speichern* **H**. Als Formatnamen nehmen wir *inhaltsverzeichnis*.

9 Bestätigen Sie die Einstellungen mit *OK* **I**.

10 Setzen Sie das automatisch erzeugte Textfeld mit dem Inhaltsverzeichnis in den Arbeitsbereich. Das Inhaltsverzeichnis wird beim Export als *toc.ncx*-Datei Teil des EPUB-Containers.

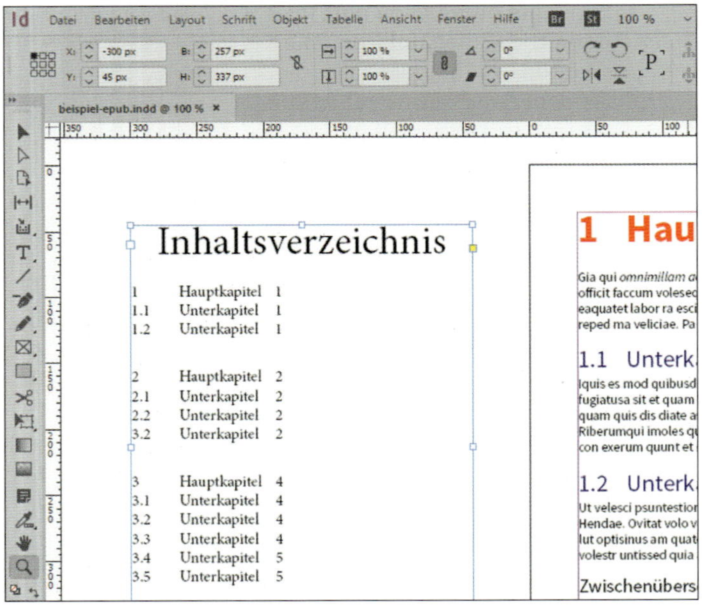

11 Exportieren Sie das ID-Dokument mit Menü *Datei > Exportieren...* als umfließbares EPUB.

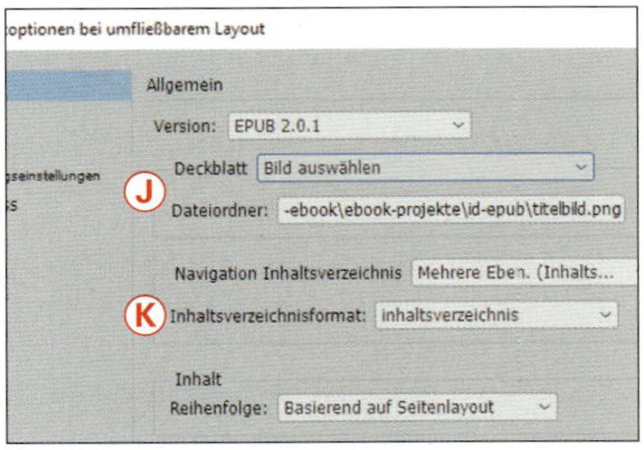

12 Wählen Sie das Bild für das *Deckblatt* **J**.

13 Wählen Sie als Inhaltsverzeichnisformat *inhaltsverzeichnis* **K**.

14 Exportieren Sie das E-Book.

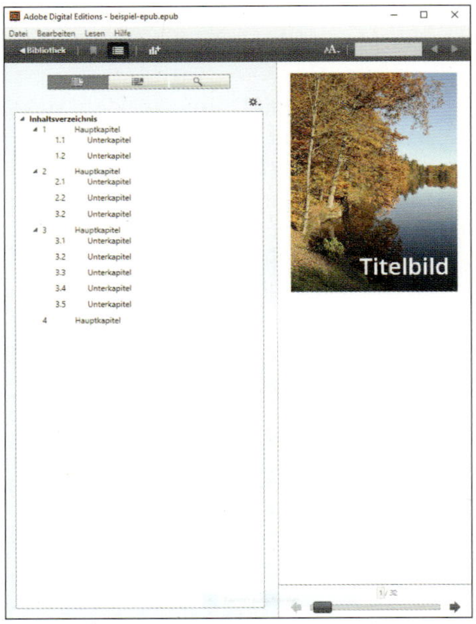

Inhaltsverzeichnis im E-Book-Reader

Bilder – Making of ...

Im nächsten Schritt sollen Bilder platziert werden.

Da umfließbare EPUBs nicht seitenorientiert sind, sondern sich am Textfluss orientieren, müssen die Bilder jeweils im Text als Objekt verankert werden.

Die Formatierung wird analog zu den Textformaten durch Objektformate gesteuert.

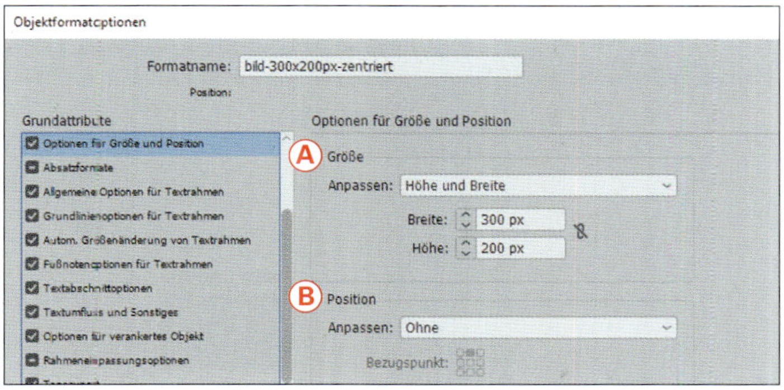

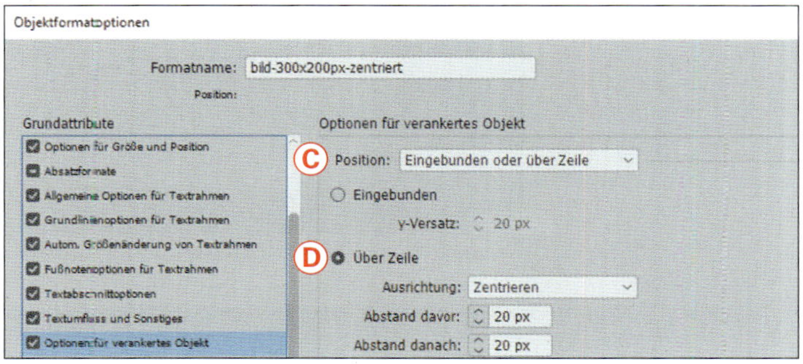

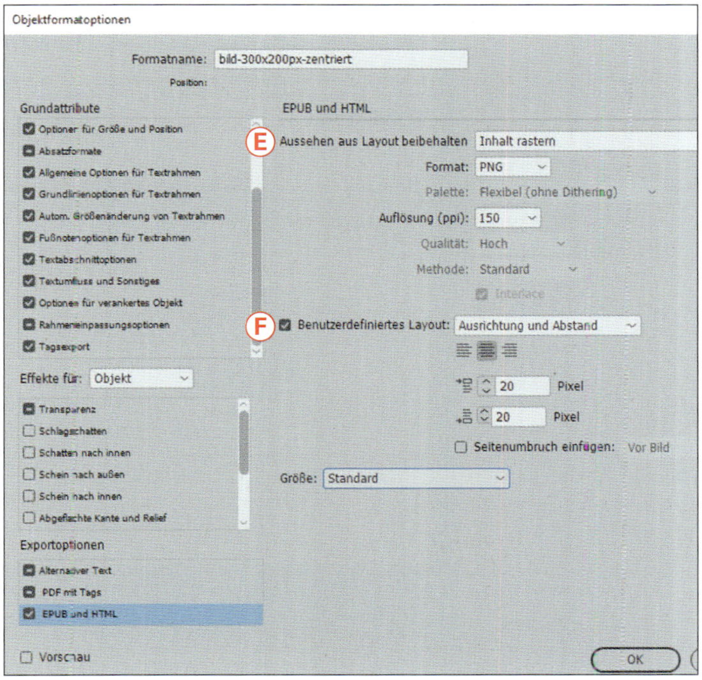

1 Erstellen Sie für ein Bild im Textfluss ein Objektformat. Für unterschiedliche Abbildungsgrößen und -positionen müssen jeweils eigene Objektformate erstellt werden.

2 *Optionen für Größe und Position*
- Größe **A**, Anpassen: *Höhe und Breite*
- Position **B**, Anpassen: *Ohne*

3 *Optionen für verankertes Objekt*
- Position **C**: *Eingebunden oder über Zeile.*
- Über Zeile **D**: Die horizontale Ausrichtung der Abbildung und der Abstand zum Text werden angegeben.

4 *EPUB und HTML*
- Aussehen aus Layout beibehalten **E**: *Inhalt rastern.* Das Pixelbild wird bei dieser Einstellung neu berechnet, d. h., das Dateiformat wird in GIF, JPEG oder PNG konvertiert und die Ausgabeauflösung festgelegt.
- Benutzerdefiniertes Layout **F**: *Ausrichtung und Abstand.* Die horizontale Ausrichtung der Abbildung und der Abstand zum Text werden angegeben.

5 Setzen Sie den Textcursor an die Stelle, an der das Bild platziert werden soll.

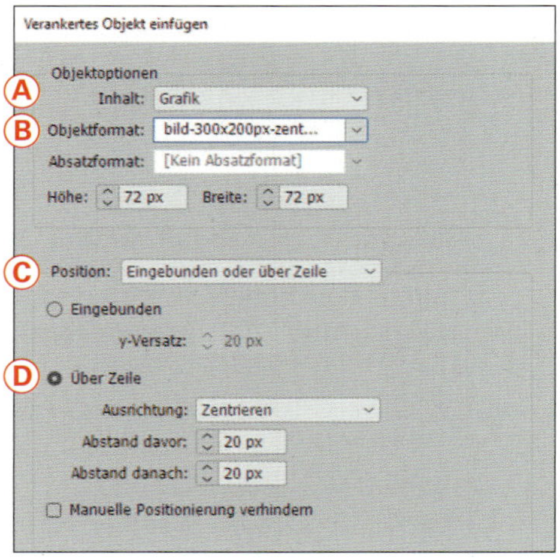

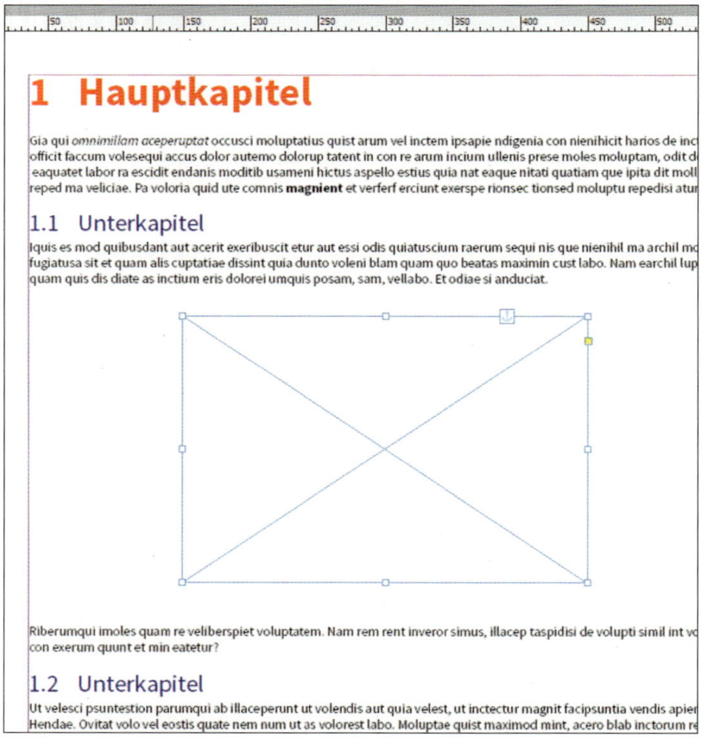

6 Fügen Sie ein verankertes Objekt an der gewählten Textstelle ein. Öffnen Sie das Dialogfenster *Verankertes Objekt einfügen* mit Menü *Objekt > Verankertes Objekt > Einfügen...*

- Inhalt **A**: *Grafik*
- Objektformat **B**: Ihr Objektformat, in unserem Beispiel *bild-300x200px-zentriert*. Breite und Höhe sind im Objektformat festgelegt.
- Position **C**: *Eingebunden oder über Zeile.*
- Über Zeile **D**: Die horizontale Ausrichtung der Abbildung und der Abstand zum Text werden angegeben.

7 Platzieren Sie das Bild im verankerten Objektrahmen **E**.

8 Exportieren Sie das E-Book.

Seite mit Bild im E-Book-Reader

1.4.7 EPUB mit Sigil erstellen und bearbeiten

Sigil ist eine Open-Source-Software zur Erstellung und Bearbeitung von EPUBs. Sie können Sigil kostenlos von https://sigil-ebook.com herunterladen.

EPUB erstellen

Beim Start von Sigil wird die komplette Struktur des EPUB-Containers automatisch angelegt. Die Funktion der einzelnen Ordner und Dateien haben Sie im Kapitel 1.4.2 ab Seite 16 kennengelernt.

Bei der EPUB-Erstellung mit InDesign kamen Sie ohne die Arbeit mit HTML und CSS aus. In Sigil ist dies nicht möglich. Wir möchten Ihnen dazu einen kurzen Einblick in die Erstellung eines EPUBs mit Sigil geben.

- Zur EPUB-Erstellung bietet Sigil eine *WYSIWYG-Oberfläche* (What You See Is What You Get) **A** und eine *Code-Ansicht* **B**. Sie können einfach bei Ihrer Arbeit zwischen den beiden Ansichten wechseln.
- In der *Formatleiste* **C** können Sie direkt die klassischen HTML-Tags zur Textformatierung anwählen. In unserem Beispiel <h1>.
- Eine leere CSS-Datei erstellen Sie im Kontextmenü (rechte Maustaste) des Ordners *Styles* **D**. Die CSS-Datei *Style0001.css* **E** verknüpfen Sie im *head* **F** der XHTML-Datei.
- Mit dem *Speichern* **G** wird das aktuelle Buch als EPUB gespeichert.

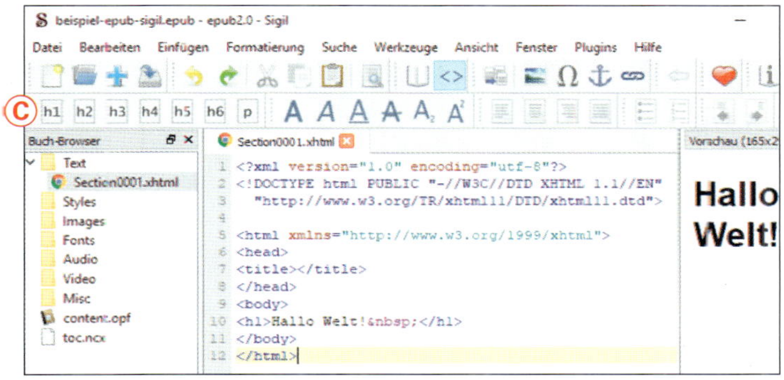

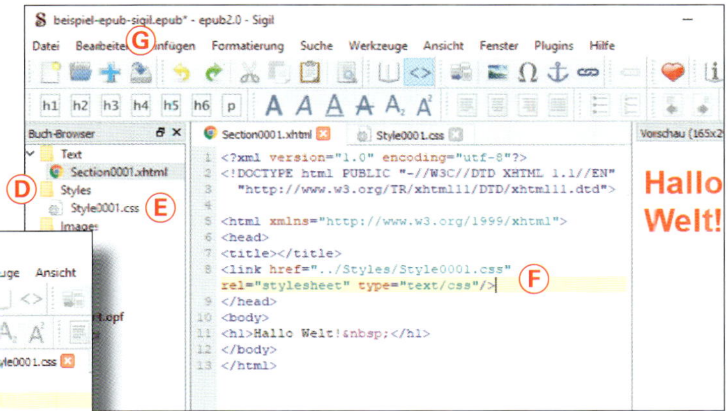

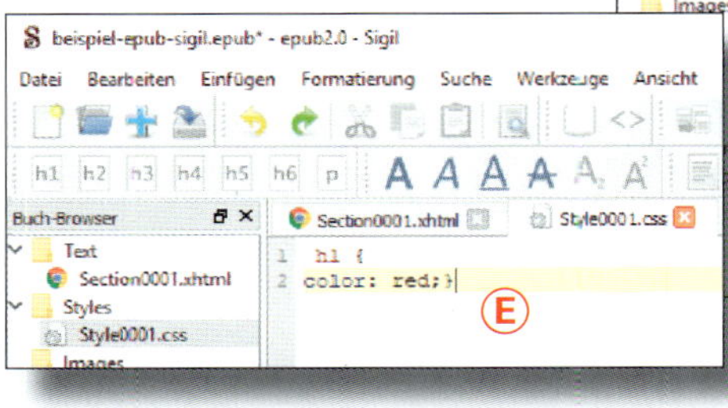

EPUB und CSS validieren
Sie können direkt in Sigil vor dem Speichern Ihres E-Books die Dateien validieren.

- Menü *Werkzeuge > EPUB-Integrität prüfen*
- Menü *Werkzeuge > Stylesheets mit W3C überprüfen*, die CSS-Datei wird direkt zum W3C-Validator hochgeladen und das Ergebnis im Browser angezeigt.

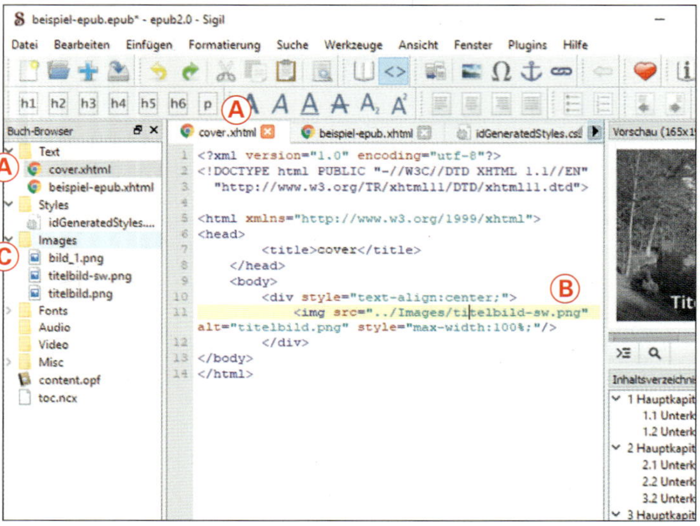

EPUB bearbeiten
Mit Sigil können Sie EPUB-Dateien bearbeiten, ohne den EPUB-Container zu entpacken.

Making of ...

Der Buchtitel des E-Books aus Kapitel 1.4.6 soll ausgetauscht werden.

1. Öffnen Sie die EPUB-Datei *beispiel-epub.epub* in Sigil.
2. Öffnen Sie mit Doppelklick die Datei *cover.xhtml* **A** in der Code-Ansicht.
3. Ändern Sie den Dateinamen im Bildpfad in *titelbild-sw.png* **B**.
4. Kopieren Sie die Bilddatei in den Ordner *Images*. Gehen Sie dazu im Kontextmenü (rechte Maustaste) des Ordners *Images* **C** auf *Vorhandene Dateien hinzufügen...*

1.4.8 EPUB mit Calibre konvertieren

Calibre ist eine Open-Source-Software zur Verarbeitung, Konvertierung und Verwaltung von E-Books. Sie können Calibre kostenlos von https://calibre-ebook.com herunterladen.

Making of ...

Das EPUB-E-Book, das wir mit InDesign in Kapitel 1.4.6 erstellt haben, soll in das MOBI-Format konvertiert werden.

MOBI ist neben AZW, KF8/AZW3 und PDF eines der vier E-Book-Formate, die auf Amazon-Readern lesbar sind.

1. Öffnen Sie Calibre.
2. Laden Sie mit *Bücher hinzufügen* **A** das EPUB.
3. Öffnen Sie das Konvertieren-Dialogfenster mit *Bücher konvertieren* **B**.
4. Wählen Sie das Zielformat. In unserem Beispiel *MOBI* **C**.
5. Exportieren Sie die MOBI-Datei mit *MOBI-Format exportieren* **D** im Kontextmenü (rechte Maustaste).

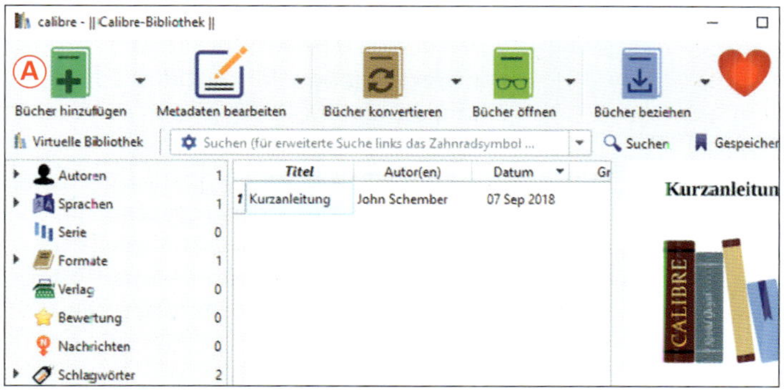

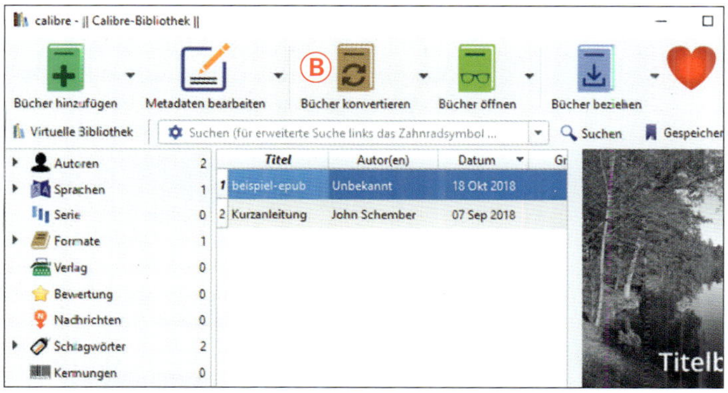

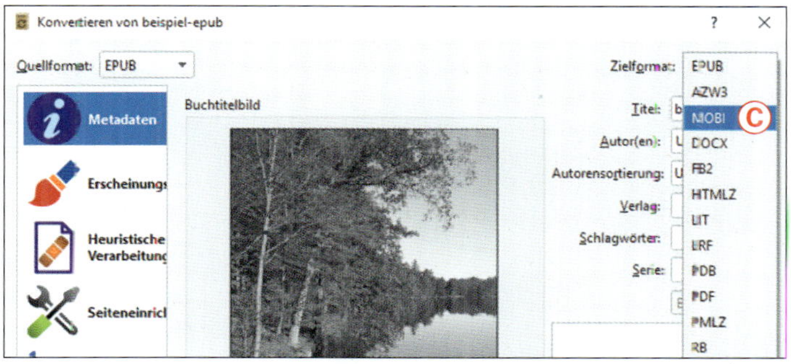

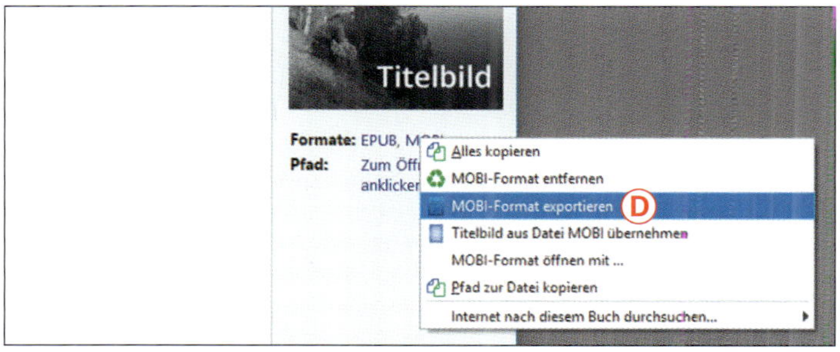

1.5 PDF

PDF, Portable Document Format, wurde von Adobe zu Beginn der 90er Jahre des vergangenen Jahrhunderts als eigenständiges Dateiformat zum Austausch von Dateien entwickelt.

Heute ist PDF der De-facto-Standard für die Publikation elektronischer Dokumente im Internet und neben EPUB auch für E-Books. Durch den von Adobe kostenlos verbreiteten Acrobat Reader, der mittlerweile auf fast jedem Computer, Smartphone und Tablet zu finden ist, kann die Datei angezeigt, gedruckt und in ihr navigiert werden. Auch E-Book-Reader wie z. B. der Tolino können PDF-Dateien anzeigen.

1.5.1 Struktur einer PDF-Datei

PDF-Dokumente haben eine interne und eine logische Struktur. Die interne Struktur beschreibt die Seiteninhalte und die Objekthierarchie. Mit der logischen Struktur wird das PDF-Dokument z. B. mittels Tags gegliedert. Damit wird die Barrierefreiheit des Dokuments möglich.

Die interne Struktur eines PDF-Dokuments können Sie in Acrobat mit dem Werkzeug *Druckproduktion > Preflight > Optionen* **A** *> Interne Struktur* darstellen überprüfen. Die Bearbeitung der Struktur ist nicht möglich.

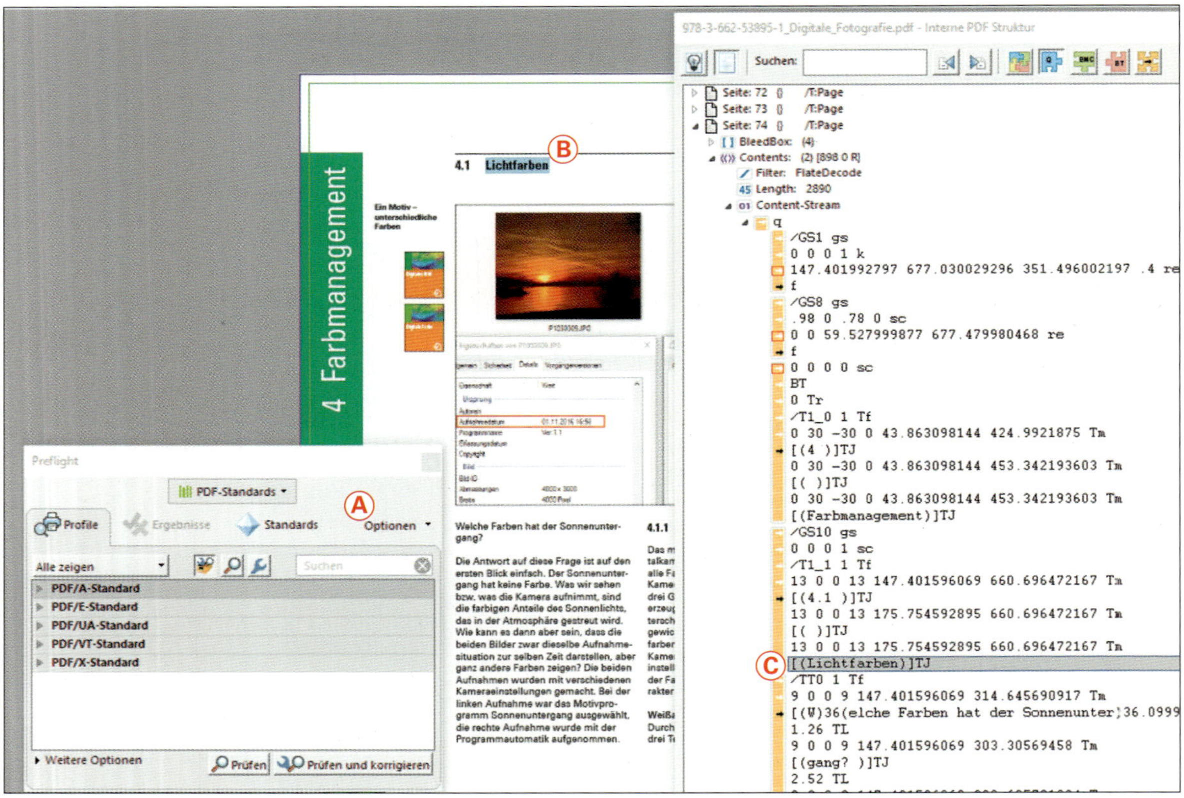

Interne Struktur

Die markierte Textstelle **B** im PDF-Dokument und in der Strukturanzeige **C**

1.5.2 PDF in InDesign erstellen

Ausgangsdatei für ein PDF-E-Book ist meist die PDF-Datei des gedruckten Buchs. Damit entsprechen alle Gestaltungsfaktoren und Seitenelemente im E-Book denen im gedruckten Buch. Dies hat den Vorteil, dass das Layout und die Typografie erhalten bleiben. Ein Nachteil ist allerdings die im Vergleich zum Reflowable Layout des EPUBs geringe Anpassungsfähigkeit und Einstellungsoptionen im E-Reader.

Auf Seite 22 haben wir in InDesign ein EPUB-E-Book erstellt. Dieselbe Datei werden wir hier als Basis unseres PDF-E-Books verwenden.

Dokument – Making of ...

Ein E-Book mit Titelseite, Kapitelgliederung, Bildern und navigierbarem Inhaltsverzeichnis soll als PDF erstellt werden.

1 Erstellen Sie ein neues InDesign-Dokument unter Menü *Datei > Neu > Dokument...*
Die Werte entnehmen Sie dem Screenshot.

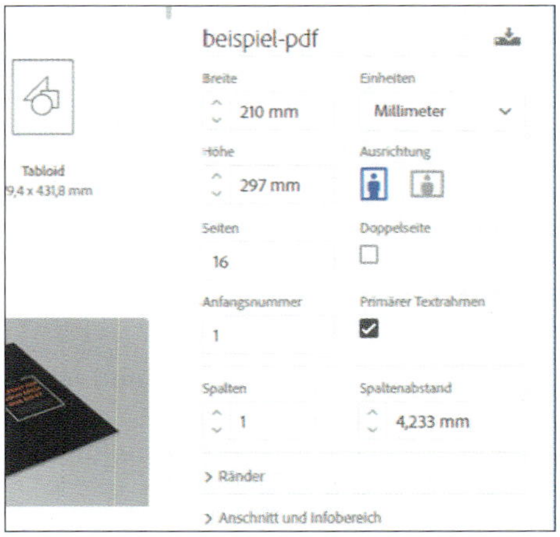

Text – Making of ...

Verwenden Sie Platzhaltertext.

1 Klicken Sie in den automatischen Textrahmen auf der ersten Seite. Fügen Sie mit Menü *Schrift > Mit Platzhaltertext füllen* Text ein. Es werden automatisch alle Seiten mit verkettetem Text gefüllt. Sie können die Texte und die Seitenanzahl später noch verändern.

2 Gliedern Sie den Text mit drei Überschriftebenen. Die beiden Kapitelebenen sollen nummeriert sein:
- 1 Hauptkapitel
- 1.1 Unterkapitel
- Zwischenüberschrift

3 Erstellen Sie für die Überschriften und den Grundtext *Absatzformate*.

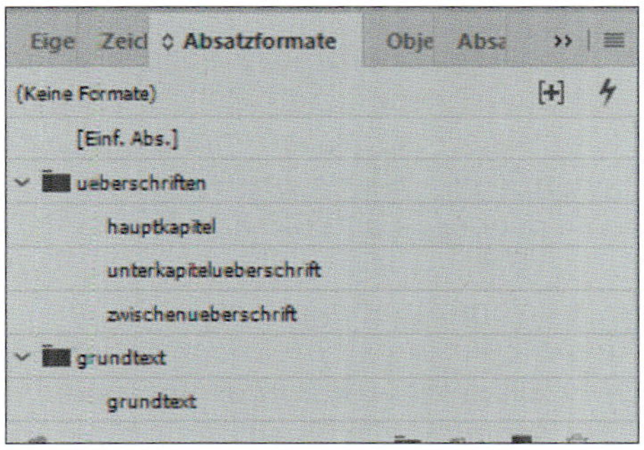

4 Erstellen Sie zwei *Zeichenformate* zur Auszeichnung im Grundtext.

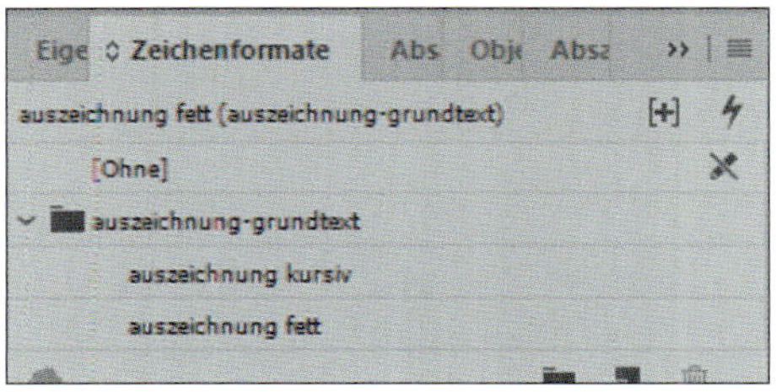

5 Ordnen Sie die Textformate den Überschriften und dem Grundtext zu.

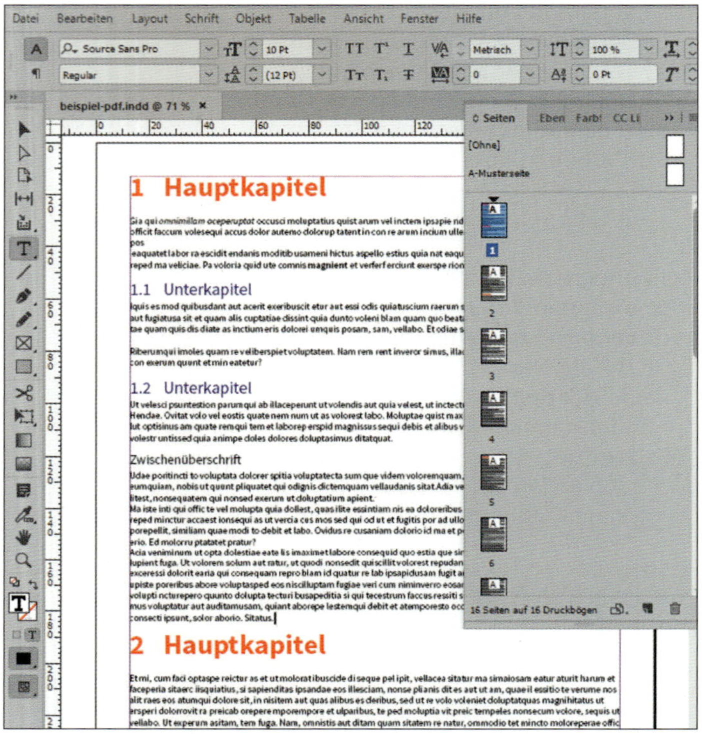

Titelseite/Bilder – Making of ...

Das E-Book soll durch eine Titelseite mit Titelbild ergänzt werden.

1 Fügen Sie am Anfang des Dokuments mit Menü *Layout > Seiten > Seiten einzufügen > Am Anfang des Dokuments* eine neue Seite ein.

2 Erstellen Sie in Photoshop einen ganzseitigen Buchtitel.

3 Speichern Sie den Buchtitel als *titelbild.tif*.

4 Öffnen Sie den Platzieren-Dialog, Menü *Datei > Platzieren...*

5 Wählen Sie die Bilddatei **A**.

6 Platzieren Sie mit *Öffnen* **B** das Titelbild auf der Seite.

Absatzformatoptionen – Making of ...

Unser E-Book enthält mehrere Hauptkapitel. Jedes Hauptkapitel soll im E-Reader mit einer neuen Seite beginnen.

1 Öffnen Sie mit Doppelklick auf das Absatzformat *hauptkapitel_h1* in der Absatzformatpalette die Absatzformatoptionen.

2 Wählen Sie bei Umbruchoptionen **C** den *Absatzbeginn: Auf nächster Seite* **D**.

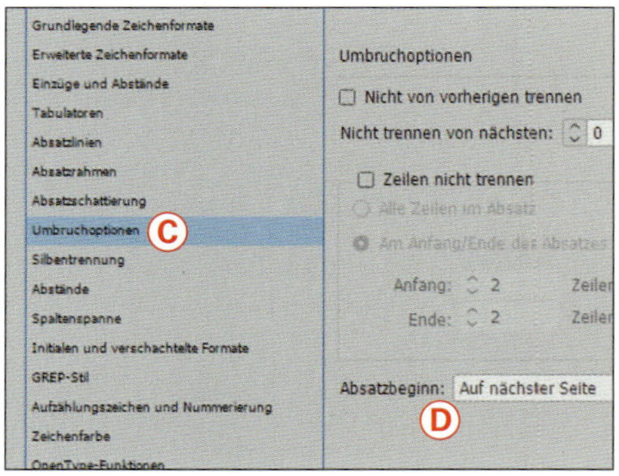

Inhaltsverzeichnis – Making of ...

Das E-Book soll mit einem Inhaltsverzeichnis ergänzt werden. In unserem Beispiel wird das Inhaltsverzeichnis nicht in der Seitendarstellung im Reader, sondern nur als Lesezeichen angezeigt.

1 Speichern Sie das ID-Dokument.

2 Öffnen Sie unter Menü *Layout > Inhaltsverzeichnis...* das Dialogfenster *Inhaltsverzeichnis*.

3 Benennen Sie den Titel als *Inhaltsverzeichnis* **A**.

4 Weisen Sie dem Titel das Absatzformat *Inhaltsverzeichnistitel* **B** zu.

5 Fügen Sie die beiden Absatzformate *hauptkapitel* und *unterkapitelueberschrift* mit *Hinzufügen* **C** hinzu.

6 Weisen Sie den Einträgen jeweils das Absatzformat *Inhaltsverzeichnis-Haupttext* **D** zu.

7 Setzen Sie die Option *Textanker in Quellabsatz erstellen* **E**. Damit können Sie im E-Reader direkt aus dem Inhaltsverzeichnis an die entsprechende Buchstelle springen.

8 Bestätigen Sie die Einstellungen mit *OK* **F**.

9 Setzen Sie das automatisch erzeugte Textfeld mit dem Inhaltsverzeichnis in den Arbeitsbereich.

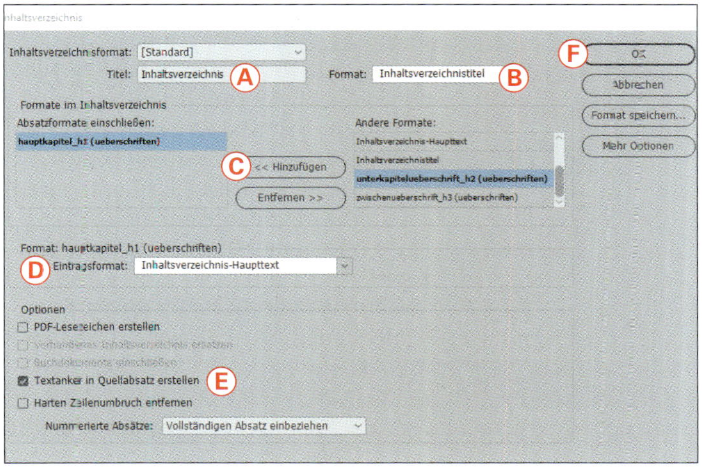

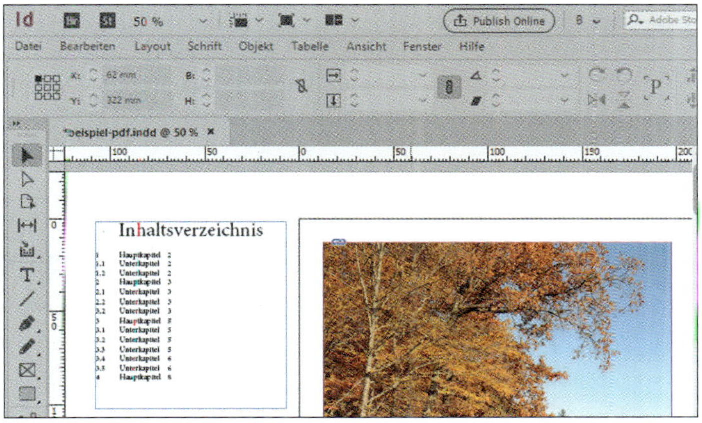

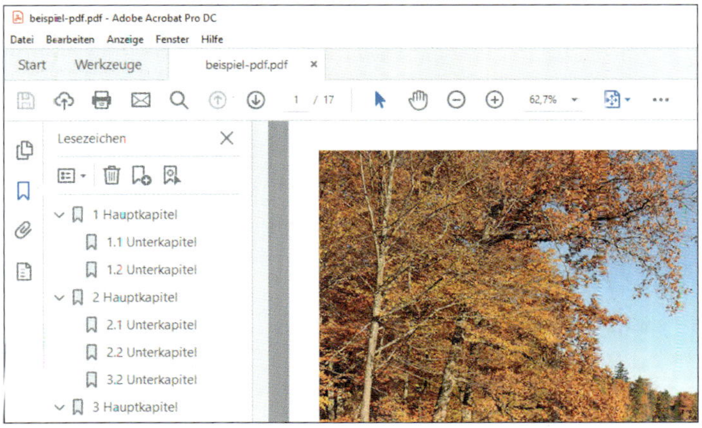

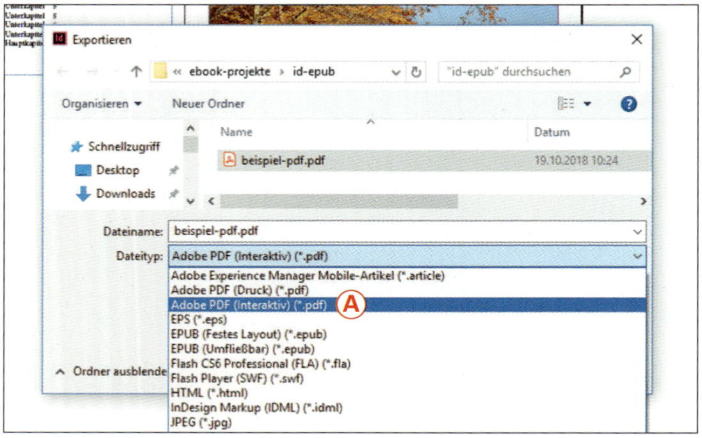

PDF-Export – Making of ...

1 Exportieren Sie das Dokument als *interaktives PDF* **A** unter Menü *Datei > Exportieren...*

2 Legen Sie Speicherort und Speichername fest.

3 Exportieren Sie die Datei. Im Export-Dialogfenster können Sie die PDF-Vorgaben noch verändern.

Registerkarte Allgemein

- *Seiten* **B** steht auf *Alle*, alternativ tragen Sie bei *Bereich* die Seitenzahlen ein, die exportiert werden sollen.
- *Anzeige* **C** belassen Sie bei den Voreinstellungen.
- *Seitenübergänge* **D**: *Aus Dokument*
- *Optionen* **E**:
  - Nur Erscheinungsbild, da keine RichMedia-Objekte integriert sind
  - Seitenminiaturen einbetten
  - PDF mit Tags erstellen

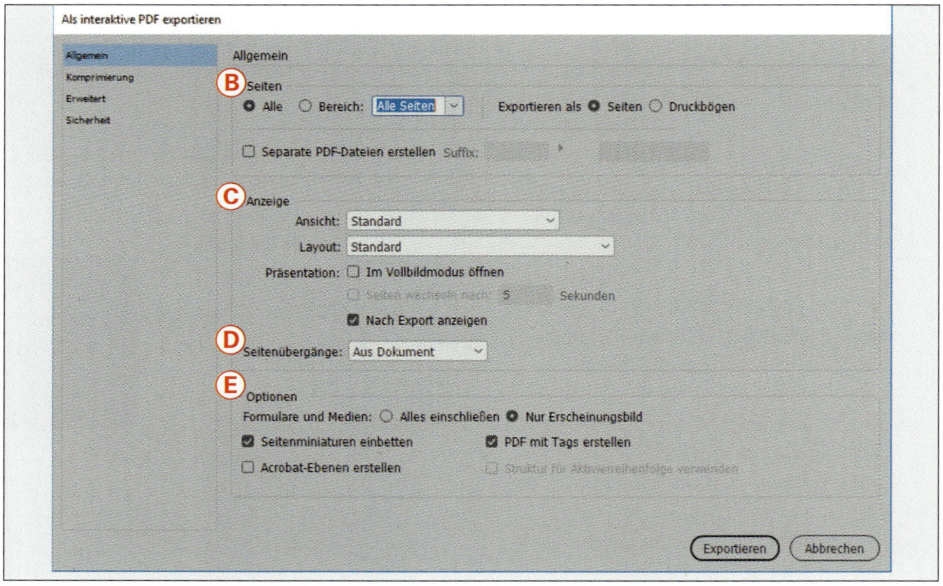

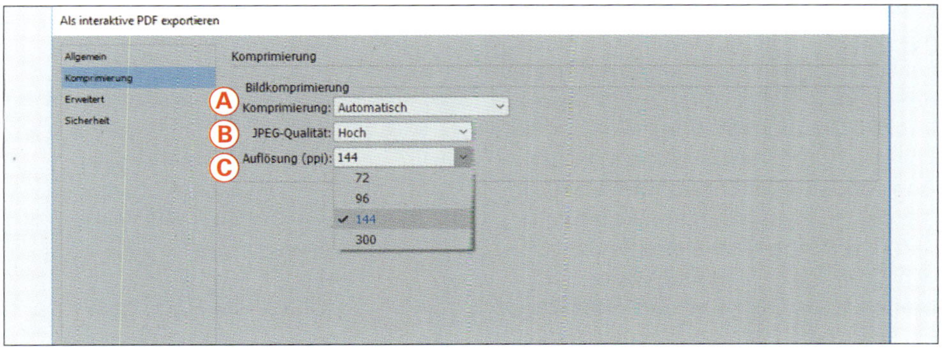

Registerkarte Komprimierung

- *Komprimierung* **A**: Automatisch
- *JPEG-Qualität* **B**: Hoch
- *Auflösung (ppi)* **C**: 144, ein guter Kompromiss zwischen Dateigröße und Bildqualität

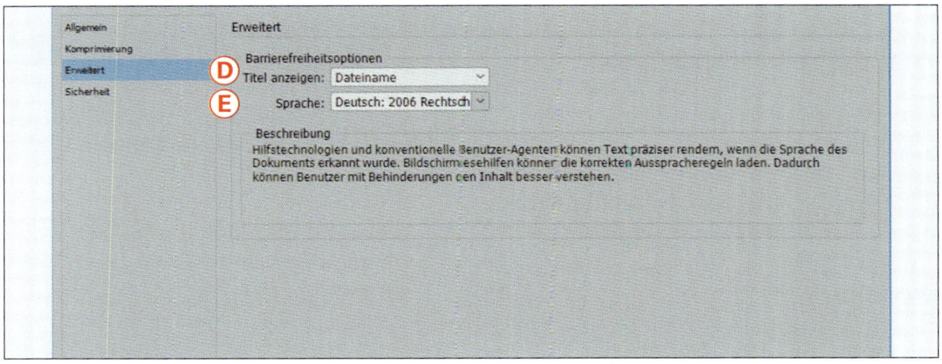

Registerkarte Erweitert

- *Titel anzeigen* **D**: Dateiname, alternativ ist Dokumenttitel
- *Sprache* **E**: Deutsch: 2006 Rechtschreibreform. Sie ermöglichen damit die Nutzung von Screenreadern.

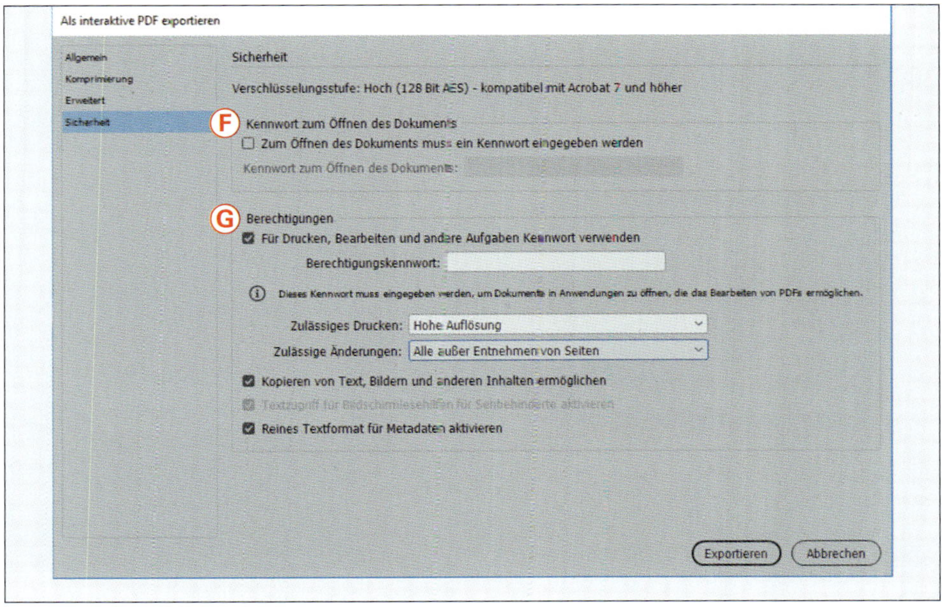

Registerkarte Sicherheit

- *Kennwort zum Öffnen des Dokuments* **F**: Einstellung bei vertraulichen Inhalten für einen bestimmten Leserkreis
- *Berechtigungen* **G**: Mit diesen Einstellungen gewährleisten Sie die Inhaltssicherheit des E-Books. So verhindern die Sicherheitseinstellungen z. B. unerwünschte Änderungen und das Drucken von PDF-Dokumenten.

1.6 E-Paper

Ein E-Paper ist die digitale Ausgabe einer Zeitung oder einer Zeitschrift. Meist als 1:1-Abbild in Form einer PDF-Datei, aber auch ergänzt durch multimediale Inhalte. Die digitale Ausgabe einer Zeitung oder einer Zeitschrift wird in Abo-Modellen häufig in Kombination mit der Printausgabe angeboten.

In der Praxis sind auch die Schreibweisen „ePaper" und „e-Paper" verbreitet. Nach Duden ist nur die Schreibweise E-Paper, analog zu E-Mail und E-Book, zulässig.

1.6.1 E-Paper auf dem Tablet

Ein E-Paper lesen Sie auf einem iPad oder einem Android-Tablet in einer Kiosk-App. Die App können Sie kostenlos aus dem Google Play Store oder dem Apple App Store auf Ihr Tablet laden.

Making of ...

4 Laden Sie die Kiosk-App DER SPIEGEL auf Ihr Tablet **A**.

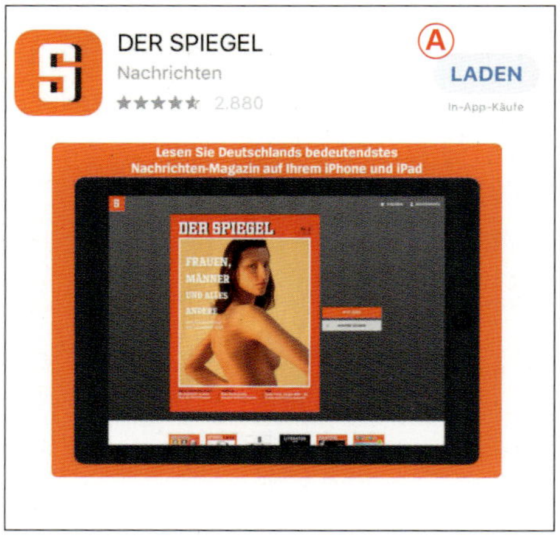

DER SPIEGEL-Kiosk-App im Apple App Store

5 Öffnen Sie die Kiosk-App DER SPIEGEL **B**.

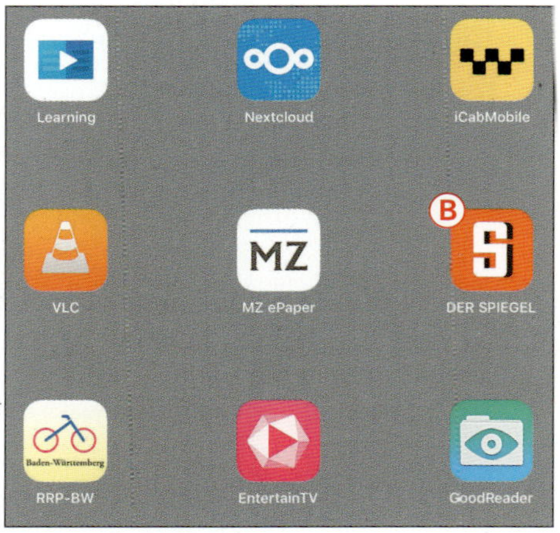

Apps auf dem iPad

6 Als Abonnent melden Sie sich im *BENUTZERKONTO* **C** mit Ihren Nutzerdaten an.

Die Kiosk-App DER SPIEGEL

7 Verwalten Sie Ihre Ausgaben unter *AUSGABEN* **D**.

8 Laden Sie die gewünschte Ausgabe auf Ihr Tablet **E**.

9 Wenn Sie kein Abonnent sind, kaufen Sie eine Ausgabe des E-Papers, in unserem Beispiel mit *Ausgabe für 4,99 € kaufen* **F**.

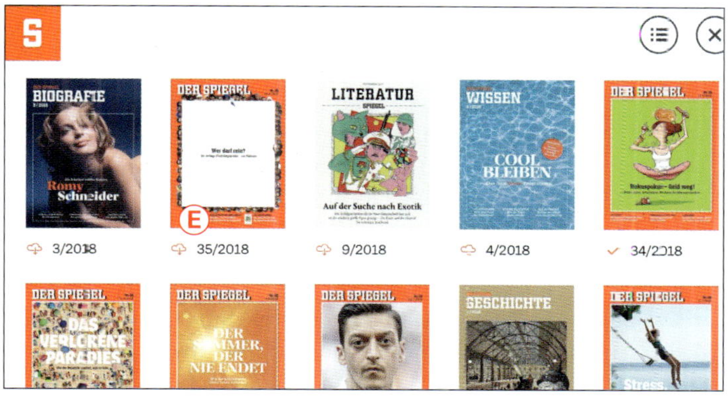

Die Kiosk-App DER SPIEGEL
Ausgabenverwaltung

Geöffnetes E-Paper in der Kiosk-App DER SPIEGEL
Inhaltsverzeichnis

Tageszeitung als E-Paper
Tageszeitungen können Sie auch als E-Paper auf dem Tablet lesen. Unser Beispiel ist das E-Paper der Marbacher Zeitung, einer Regionalausgabe der Stuttgarter Nachrichten.

Das Layout ist mit der Printausgabe identisch. Die Bedienung der digitalen Ausgabe erfolgt mit der auf Tablets üblichen Gestensteuerung oder Tippen auf die Artikel oder den Navigationselementen in der Kopfleiste der Seiten.

Making of ...

1 Laden Sie die Kiosk-App der Zeitung, in unserem Beispiel die MZ, aus dem App Store auf Ihr Tablet **A**.

2 Öffnen Sie die MZ-Kiosk-App **B**.

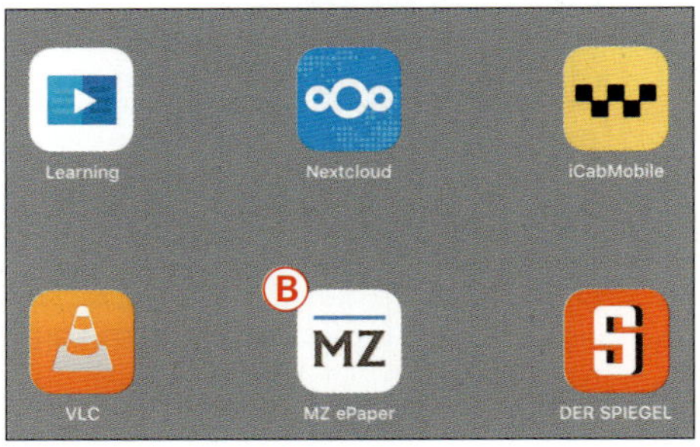

3 Als Abonnent melden Sie sich mit Ihren Nutzerdaten an.

4 Verwalten Sie Ihre Ausgaben unter *Meine Ausgaben* **C**.

5 Laden Sie die gewünschte Ausgabe auf Ihr Tablet **D**.

Geöffnetes E-Paper D in der MZ-Kiosk-App
Titelseite

6 Öffnen Sie die Seitenverwaltung **E**.

7 Wählen Sie die gewünschte Seite **F**.

MZ-Kiosk-App
Seitenverwaltung

Bearbeitungsoptionen

- **G** Stichwortsuche
- **H** Geometrische Auswahl und Kopie eines Ausschnitts als Bild
- **I** Lesezeichen setzen
- **J** Diese Seite per E-Mail verschicken
- **K** Textauswahl durch Gestensteuerung

MZ-Kiosk-App
Textauswahl in der Zeitungsseite

1.6.2 E-Paper erstellen

Zur Erstellung eines E-Papers gibt es mehrere Programme und Online-Portale. Basis ist bei allen Systemen ein PDF-Dokument, das importiert bzw. auf das Portal hochgeladen und dort konvertiert wird. Der Funktionsumfang ist in den jeweils preislich gestaffelten Paketen unterschiedlich. Im einfachsten Fall erhalten Sie ein blätterbares PDF. In umfangreicheren Paketen können z. B. Audio, Video, Navigationselemente und Bildergalerien in das E-Paper integriert werden.

Zur optimalen Konvertierung einer PDF-Datei in ein E-Paper sollten Sie folgende Parameter beachten:

- Keine Sicherheitseinstellungen
- Keine Verschlüsselung
- Einheitliches Seitenformat
- Keine Doppelseiten
- Weboptimiert
- sRGB-Farbraum
- Transparenzen reduziert
- Schriften vollständig eingebettet
- Keine geschützten Schriftarten

Making of ...

Ein PDF-Dokument soll in einem Online-Portal in ein E-Paper konvertiert werden, in unserem Beispiel www.1000grad-epaper.de.

1 Optimieren Sie das PDF-Dokument zur E-Paper-Erstellung.

2 Öffnen Sie die Anwendung 1000grad-epaper.

3 Laden Sie die PDF-Datei hoch.

4 Erstellen Sie das E-Paper **A**.

5 Testen Sie das E-Paper.

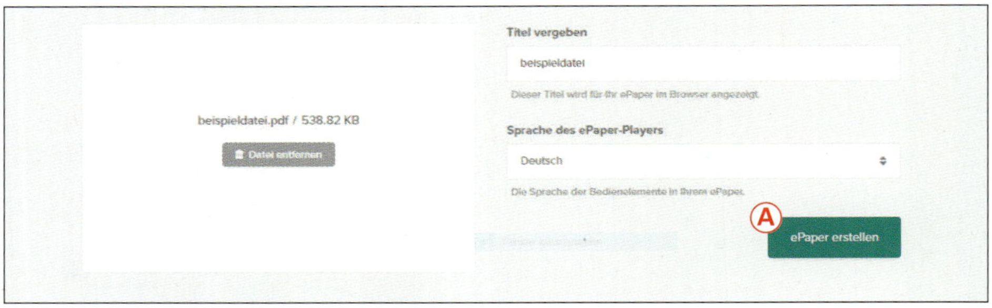

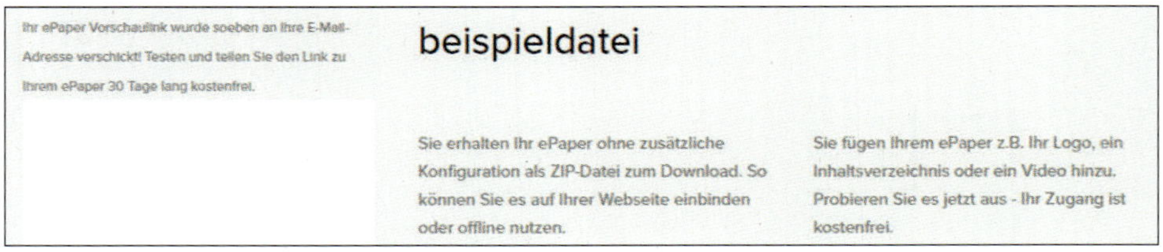

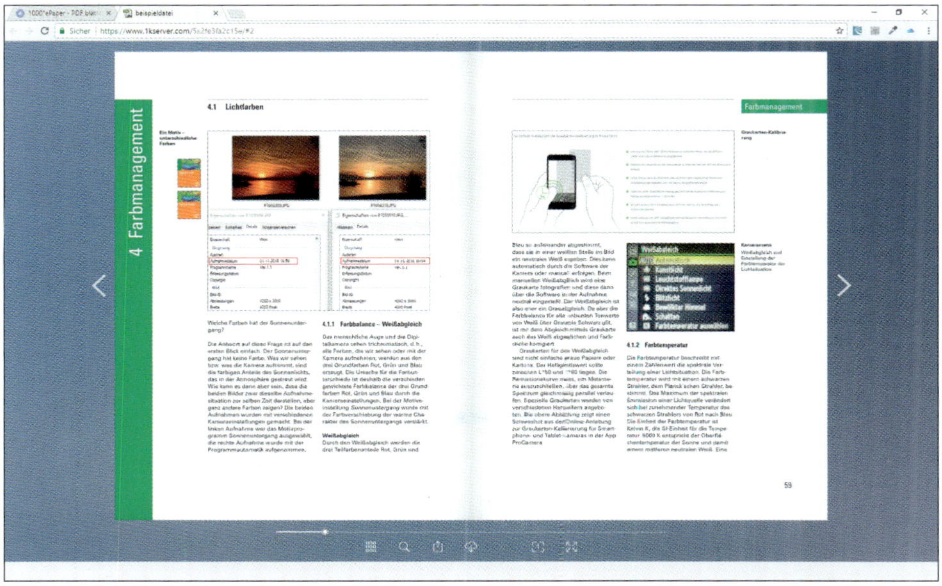

E-Paper im Browser auf dem Monitor

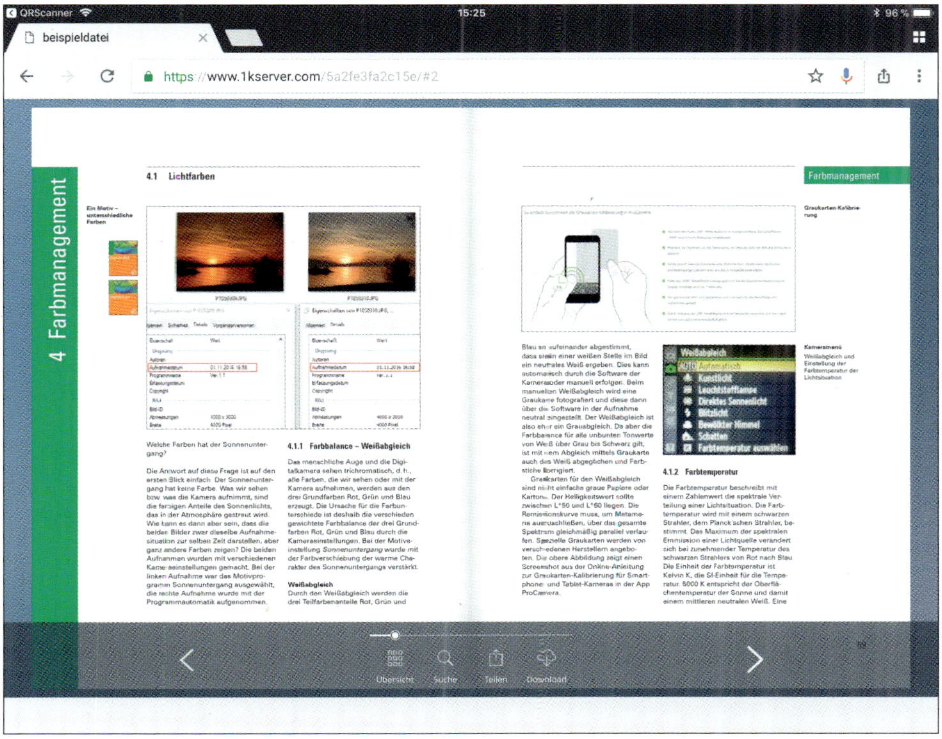

E-Paper im Browser auf dem iPad

1.7 Aufgaben

1 E-Book-Reader kennen

Nennen Sie die beiden E-Book-Reader mit dem größten Marktanteil in Deutschland.

1.

2.

2 E-Book-Reader unterscheiden

Worin unterscheiden sich Tolino und Kindle hinsichtlich der freien Nutzung von E-Books?

3 E-Book-Reader unterscheiden

Auf welchem der beiden E-Book-Reader Tolino und Kindle sind E-Books der öffentlichen Bibliotheken lesbar?

4 DRM kennen

Wofür steht das Akronym DRM?

5 Schutzrechte kennen

In welchem Gesetz ist der Schutz technischer Maßnahmen wie z.B. der Kopierschutz geregelt?

6 Displaytechnologie kennen

Nennen Sie 3 Displaytechnologien.

1.

2.

3.

7 EPUB kennen

Wofür steht das Akronym EPUB?

8 EPUB-Formate kennen

Nennen Sie die beiden EPUB-Formate.

1.

2.

9 EPUB-Layout unterscheiden

Unterscheiden Sie die beiden EPUB-Layoutarten.

10 Schriftformate in EPUB-Dateien kennen

Welche Schriftformate erlaubt das W3C in seinen EPUB-Spezifikationen?

11 Vektorgrafiken in EPUB-Dateien verwenden

Welches Dateiformat haben Vektorgrafiken in EPUB-Dateien?

12 Dateiformat für ein Inhaltsverzeichnis kennen

a. Wie lautet die englische Bezeichnung für Inhaltsverzeichnis in EPUB-Dateien?
b. Wie heißt die Datei, in der das Inhaltsverzeichnis gespeichert wird?

a.

b.

13 Schrift in EPUB-Dateien auswählen

Welchen Vorteil bieten OTF-Schriften?

14 Programme zur E-Book-Erstellung kennen.

Nennen Sie 2 Open-Source-Programme zur E-Book-Erstellung.

1.

2.

15 Das Akronym PDF kennen

Was bedeutet das Akronym PDF?

16 PDF als E-Book erstellen

Welchen Dateityp wählen Sie beim PDF-Export aus InDesign?

17 E-Paper kennen

Welche Medienprodukte werden als E-Paper bezeichnet?

2.1 Was ist ein CMS?

In allen Medien, egal ob Print- oder Digitalmedien, publizieren Sie Inhalte. Die Gesamtheit dieser Inhalte wird in der digitalen Medienproduktion mit dem Begriff Content bezeichnet. Selbstverständlich haben Sie schon immer Content erstellt, bearbeitet, verwaltet und in den Workflow der Medienproduktion integriert. Das Besondere an einem Content-Management-System, CMS, ist nun, dass Sie alle diese Aufgaben mit Hilfe eines integrierten datenbankgestützten Softwarepakets, eben dem CMS, ausführen können.

Je nach Funktionsumfang und Aufgabenstellung werden Content-Management-Systeme mit eigenen Begriffen bezeichnet.

2.1.1 Redaktionssystem

Der Name Redaktionssystem kommt aus der klassischen Printmedienpoduktion. Typische Produkte, die mit Redaktionssystemen produziert werden, sind Zeitungen, Magazine und Kataloge. Die Inhalte werden heute medienneutral in der Datenbank des CMS gespeichert. Durch die Verknüpfung des Systems über verschiedene Schnittstellen mit den einzelnen Programmen, z. B. Adobe InDesign, ist die medienspezifische Publikation eines Inhalts möglich.

Beispiele für Redaktionssysteme sind vjoonK4 und InterRed.

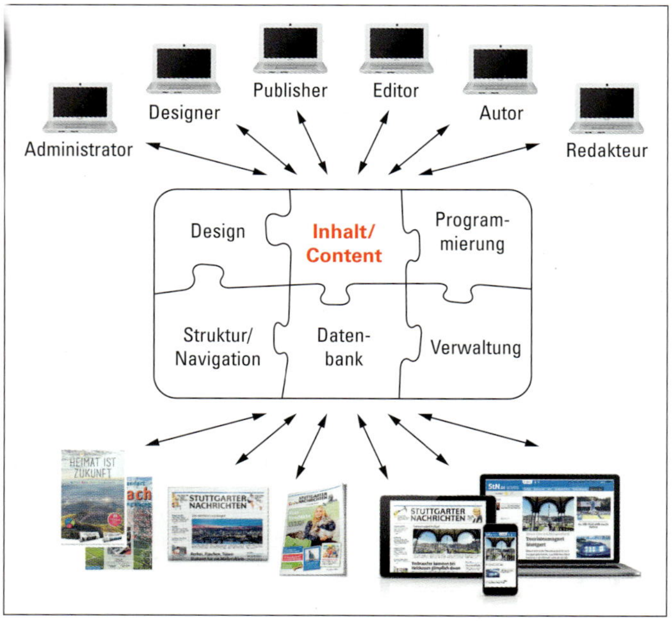

Redaktionssystem/Content-Management-System, CMS

2.1.2 Enterprise-Content-Management-System, ECMS

Enterprise-Content-Management Systeme sind komplexe, häufig browserbasierte Systeme. Sie dienen in Unternehmen als einheitliche Plattform zur Erfassung, Bereitstellung und Archivierung von Inhalten aus den verschiedenen Unternehmensbereichen. ECMS sind dazu in die vorhandene IT-Struktur und Unternehmenssoftware integriert. Somit sind die Aufgaben eines ECMS die unternehmensinterne Kommunikation, B2B und die Publikation bestimmter Inhalte z. B. auf dem Webportal des Unternehmens.

Beispiele für Enterprise-Content-Management-Systeme sind OpenText und sitecore.

2.1.3 Web-Content-Management-System, WCMS

Im allgemeinen Sprachgebrauch werden WCMS und CMS häufig gleichgesetzt. Dies ist sicherlich darin begründet, dass heute alle professionellen Webauftritte auf einem Web-Content-Management-System basieren.

Weitverbreitete WCM-Systeme sind die OpenSource-Systeme Joomla!, Typo3 und Wordpress.

P. Bühler et al., *Digital Publishing*, Bibliothek der Mediengestaltung, https://doi.org/10.1007/978-3-662-55391-6_2

2.2 Arbeitsweise eines CMS

2.2.1 Aufruf einer CMS-basierten Website

Bei jedem Seitenaufruf gibt der Nutzer in der Adresszeile seines Browsers die gewünschte Internetadresse ein. Ob die dazugehörige Website herkömmlich programmiert wurde oder dynamisch über ein CMS erstellt wird, ist völlig belanglos. Für den Nutzer ist kein Unterschied zu merken. Die Anfrage **A** geht an den Webserver **B**. Dort wird sie vom internen Webserver, in unserem Fall ein Apache-Server **C**, entgegengenommen und an den PHP-Interpreter **D** weitergeleitet. Die PHP-Befehle werden interpretiert und eine Abfrage an die MySQL-Datenbank **E** gestartet. Zunächst wird überprüft, ob der Nutzer die zur Abfrage notwendigen Rechte besitzt. Falls der Nutzer die Berechtigung hat, werden die gesuchten Inhalte aus der Datenbank zurückgegeben. Wenn die Berechtigung nicht vorliegt, dann wird eine entsprechende Meldung im Browser angezeigt. Die Struktur- und Layoutdaten werden aus den Unterverzeichnissen des Verzeichnisses *htdocs* **F** ausgelesen. Der Verzeichnisname *htdocs* steht für *HyperText Documents*. Dieser Ordner enthält alle Dateien und Skripte, die zur Generierung der Website notwendig sind. Abschließend wird aus den drei Komponenten *Content*, *Struktur* und *Layout* eine HTML-Seite erstellt und vom Webserver an den Browser des Clients zurückgeschickt **G**.

Startseite einer CMS-basierten Website
www.jgs-stuttgart.de

2.2.2 Qualitätsmerkmale eines CMS

Der Einsatz eines Content-Management-Systems bietet viele Vorteile gegenüber herkömmlich programmierten Webseiten. Die folgende Übersicht zeigt die wichtigsten Qualitätskriterien. Sie werden heute im Wesentlichen von allen CMS erfüllt. Allerdings gibt es

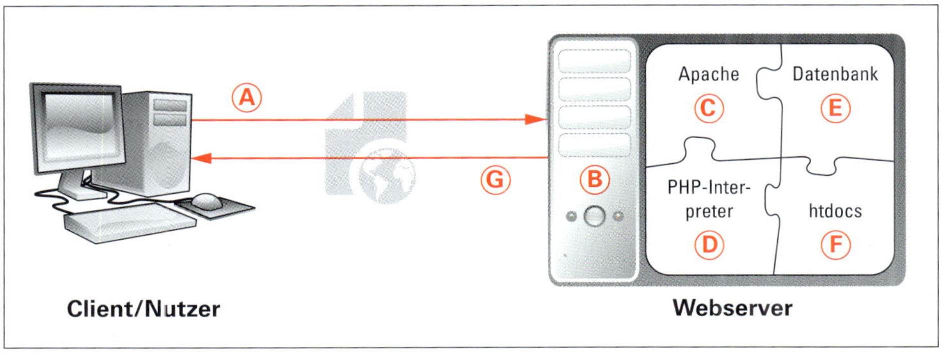

Aufruf einer CMS-basierten Website

deutliche Unterschiede z. B. in Support und Mächtigkeit. Erstellen Sie deshalb vor der Auswahl eines CMS ein detailliertes Lastenheft mit Ihren spezifischen Anforderungen.

2.2.3 Frontend – Backend

Jedes Content-Management-System unterteilt sich grundsätzlich in zwei Bereiche, das Frontend und das Backend.

Der öffentliche Bereich des Frontends ist für alle Nutzer allgemein zugänglich. Interne Bereiche der Website erfordern eine Registrierung und Anmeldung im CMS. Welche Rechte angemeldete Nutzer im CMS haben, ist in der Nutzerverwaltung festgelegt. So können berechtigte Nutzer nach der Anmeldung z. B. im Frontend direkt Inhalte erstellen oder editieren. Das Backend ist den Administratoren einer Website vorbehalten. In diesem Teil der Website erfolgen alle grundsätzlichen Einstellungen wie z. B. Menüstruktur, Templates und Nutzerverwaltung einer Website.

2.2.4 Content Lifecycle Management

Content Lifecycle Management ist das zentrale Prinzip aller CMS zur Erstellung, Verwaltung und Publikation der Inhalte. Alle Inhaltselemente der Website wie Texte, Bilder und alle sonstigen Medien sind in der Datenbank des CMS gespeichert. Erst nach dem Aufruf einer Seite durch den Nutzer werden die Inhalte konfiguriert und die Seite dynamisch erstellt. Diese Arbeitsweise ermöglicht es, die Erstellung der Inhalte von der Publikation zu entkoppeln. Für jeden einzelnen Beitrag kann der Veröffentlichungszeitraum mit Anfangs-

Qualitätskriterien

- Mehrere Redakteure können den Content ohne Programmierkenntnisse pflegen.
- Kurzfristige Aktualisierung des Contents ist möglich.
- Medienneutrale Datenhaltung und medienspezifische Publikation des Contents aus einem System.
- Die strikte Trennung in Frontend und Backend erleichtert die Administration und erhöht die Datensicherheit.
- Klare Rechtezuweisung erfolgt durch detaillierte Nutzerverwaltung.
- Strikte Trennung von Inhalt, Struktur und Layout ermöglicht z. B. die einfache Änderung der Gestaltung oder mehrsprachige Seiten.
- Administration kann plattformunabhängig im Browser auf jedem Rechner durchgeführt werden, selbstverständlich nur nach der passwortgeschützten Anmeldung.
- Einfache Suchfunktion durch die Anbindung an die Datenbank.
- Einfache Erweiterung ist durch die zusätzliche Installation verschiedener Module oder Plug-ins zu realisieren.
- Zeitliche Steuerung der Publikation, Content Lifecycle Management ist einfach möglich.
- Freigabe oder Sperrung der Publikation der Inhalte erfolgt durch autorisierte Personen.
- Die referentielle Integrität der Inhalte ist gewährleistet.

und Enddatum festgelegt werden. Eine Funktion, die vor allem bei terminlich gebundenen Veranstaltungen oder Aktionen nützlich ist. Die Freigabe der Inhalte zur Publikation ist je nach Rechteverwaltung ebenfalls von der Erstellung getrennt.

2.2.5 Rechte- und Nutzerverwaltung

Die Arbeit mit einem CMS erfolgt immer arbeitsteilig. Um die Systemsicherheit zu gewährleisten, bedingt diese Arbeitsweise eine abgestufte Nutzer- und Rechteverwaltung. Jeder Nutzer eines CMS, der nicht nur den allgemein zugänglichen öffentlichen Bereich betreten darf, muss in der Nutzerverwaltung als Nutzer angelegt sein. Meist werden außer dem Nutzer- oder Anmeldenamen und dem Passwort noch weitere persönliche Kontaktdaten wie Name und E-Mail-Adresse gespeichert. Nutzer mit gleichen Rechtemerkmalen werden in Nutzergruppen zusammengefasst. Dies hat den Vorteil, dass Sie bei der Aufnahme eines neuen Nutzers mit der Zuweisung zu einer Gruppe automatisch die korrekten Nutzerrechte zugewiesen haben.

Die Rechteverwaltung ist immer hierarchisch strukturiert. Jeder Rechteebene sind klar festgelegte Aufgabenbereiche und Kompetenzen zugeordnet. Die Bezeichnung der einzelnen Nut-zergruppen und Rechteebenen unterscheidet sich je nach Content-Management-System. Allgemein gliedert sich das Rechtesystem eines CMS in drei Bereiche.

Redaktionelle Rechte
- Lesen
- Erstellen und Bearbeiten eigener Inhalte
- Bearbeiten fremder Inhalte
- Freigeben
- Publizieren
- Sperren
- Archivieren
- Löschen

Recourcenbezogene Rechte
- Zugriff auf bestimmte Ordner und Dokumente
- Upload von Dateien
- Download von Dateien
- Rechtebezogene Sicht auf Ressourcen und Funktionen

Administrative Rechte
- Verwaltung von Nutzern und Rechten
- Verwaltung von Inhalten
- Konfiguration
- Navigation
- Layout und Templates

2.2.6 Templates

Templates sind Gestaltungsvorlagen ohne Inhalt. Entsprechend der Grundregel aller CMS, der strikten Trennung von Inhalt und Gestaltung, werden die Inhalte beim Erstellen der aufgerufenen Seite durch das CMS im vorgegebenen Layout dargestellt.

Ein CMS kann mehrere Templates verwalten und diese unterschiedlichen Inhalten zuweisen. Mit einem Klick verändern sich so, gesteuert durch die CSS-Dateien des Templates, die Farben einer Seite, die Schriftdarstellung oder das Layout einzelner Bereiche oder der gesamten Website.

2.3 Joomla!

Sie haben Content-Management-Systeme in ihrem allgemeinen Aufbau und ihrer Funktion kennengelernt. In diesem Kapitel möchten wir Ihnen eine praxisorientierte Einführung in Joomla!, eines der weltweit verbreitetsten Open-Source-CMS, geben. Der Joomla!-Showcase unter community.joomla.org/showcase zeigt eine große Auswahl mit Joomla! realisierter Webauftritte.

2.3.1 Download

Joomla! unterliegt der General Public License und ist deshalb frei und kostenlos erhältlich. Die stets aktuelle Version können Sie z. B. unter www.joomla.org oder www.jgerman.de herunterladen.

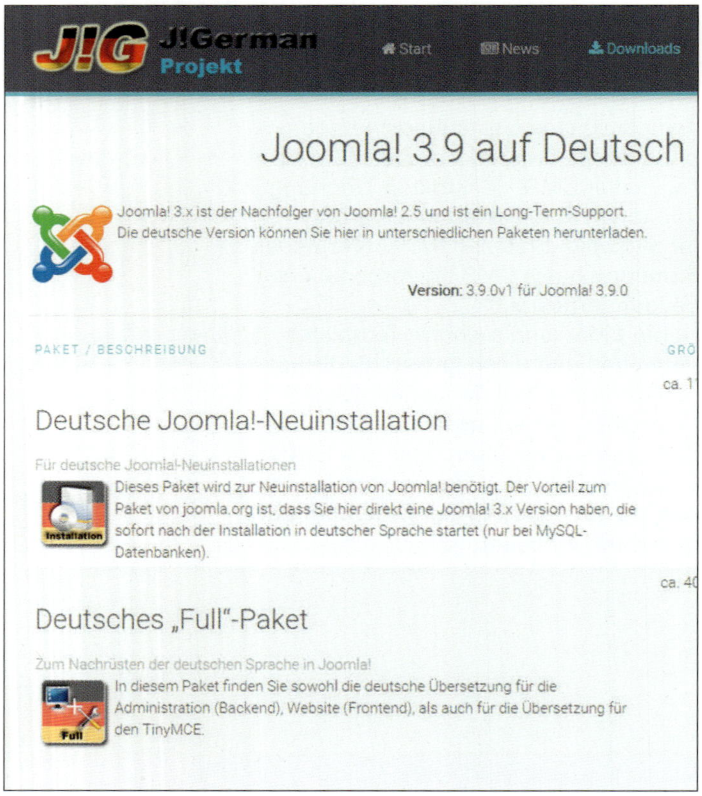

2.3.2 Webspace

Joomla! ist als Content-Management-System eine Software zur Verwaltung Ihrer Inhalte, aber gleichzeitig auch die Website, mit der Ihre Inhalte im Internet präsent sind. Dazu muss Joomla! auf einem Webserver installiert werden. In der folgenden Tabelle sind die von Joomla.org für die Version 3.x definierten Mindestvoraussetzungen aufgeführt.

Software	empfohlen	Information
PHP (Magic Quotes GPC off)	5.3.1 +	www.php.net
Datenbanken		
MySQL (InnoDB-Unterstützung erforderlich)	5.1 +	www.mysql.com
MSSQL	10.50.1600.1 +	www.microsoft.com/sql.com
	8.3.18 +	
PostgreSQL		www.postgresql.org
Webserversoftware		
Apache (mit mod_mysql, mod_xml und mod_zlib)	2.x +	www.apache.org
Nginx	1.1	wiki.nginx.org
Microsoft IIS	7	www.iis.net

Joomla!-Webspace-Paket
Viele Provider bieten Joomla!-Webspace-Pakete an. Bei diesen Paketen ist Joomla! in der aktuellen Version bereits vorinstalliert und mit der Datenbank verlinkt. So können Sie sicher sein, dass Ihre Joomla!-Website auch problemlos läuft. Auch die Pflege und Updates der Joomla!-Installation ist häufig Teil des Pakets.

2.4 Lokale Entwicklungsumgebung

Entwickeln und testen Sie doch Ihre Joomla!-Website lokal. Ohne Kosten und ohne Risiken, da Sie nur auf Ihrem eigenen Rechner arbeiten. Am einfachsten installieren Sie dazu eine lokale Entwicklungsumgebung, die mit einer Installation einen kompletten lokalen Webserver mit PHP, MySQL-Datenbank und Apache als Paket einrichtet.

Nach der Entwicklung Ihres Internetauftritts ziehen Sie mit Ihrer kompletten Website auf einen Webserver bei Ihrem Provider um.

XAMPP

Die Installation und Administration eines Webservers ist alles andere als einfach. Glücklicherweise gibt es Menschen, die uns einen „sanften" Zugang zur Technik ermöglichen. Die „Apachefreunde" haben alle benötigten Webtechnologien zu einem Paket verschnürt und bieten es unter www.apachefriends.org an. Die Bezeichnung XAMPP hat folgende Bedeutung:

- **X** ist der Platzhalter für das Betriebssystem: Windows-Server werden als WAMPP, Linux-Server als LAMPP und Mac-Server als MAMPP bezeichnet.
- **A** steht für Apache, einen weitverbreiteten, kostenlosen Webserver.
- **M** bezeichnet das Datenbankmanagementsystem *MySQL* bzw. *MariaDB*.
- **P** steht für die Skriptsprache PHP.
- **P** steht für Perl, eine weitere Skriptsprache, die alternativ zu PHP verwendet werden kann.

Installation – Making of …

Gehen Sie auf www.apachefriends.org und klicken Sie zum Download der Installationsdatei auf die für Ihr Betriebssystem korrekte Version.

XAMPP
www.apachefriends.org

1 Der Webserver muss an einem Speicherort installiert werden, auf den Sie Schreibzugriff haben. Legen Sie am besten einen Ordner XAMPP in den *Eigenen Dateien* an.

2 Starten Sie die Installation per Doppelklick auf die Installationsdatei. Geben Sie den neu angelegten Ordner als Ziel an.

3 Nach Fertigstellung der Installation starten Sie die „Steuerzentrale“ durch Doppelklick auf die Datei *xampp-control(.exe)*.

4 Den Apache-Server starten Sie durch Anklicken des Buttons **A**, den Datenbankserver durch Anklicken von **B**. Beim ersten Start kommt eventuell eine Warnmeldung der Firewall, ob der Internetzugriff durch den Server zugelassen werden soll. Dies müssen Sie bestätigen. Wenn die beiden Module **C** grün hinterlegt werden, sind die Server gestartet und funktionsfähig – und es geht weiter mit 6.

5 Startet der Server nicht, kann es sein, dass einer der erforderlichen Ports **D** blockiert wird. Dieses Problem trat bei unserer Installation unter Windows 10 auf. Als Lösung gibt es verschiedene Möglichkeiten.

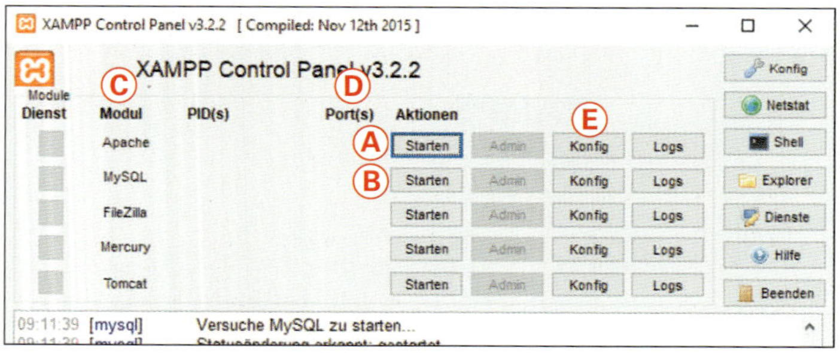

Eine Möglichkeit ist es, den Port zu wechseln.

- Gehen Sie auf *Konfig*. **E**.
- Öffnen Sie die Datei *Apache (httpd.conf)*.
- Ändern Sie den Port von *80* auf z. B. *8080*.

6 Das „Control Panel“ darf während der Sitzung am Server nicht geschlossen werden. Vor Beenden der Sitzung sollten Sie die Module stoppen.

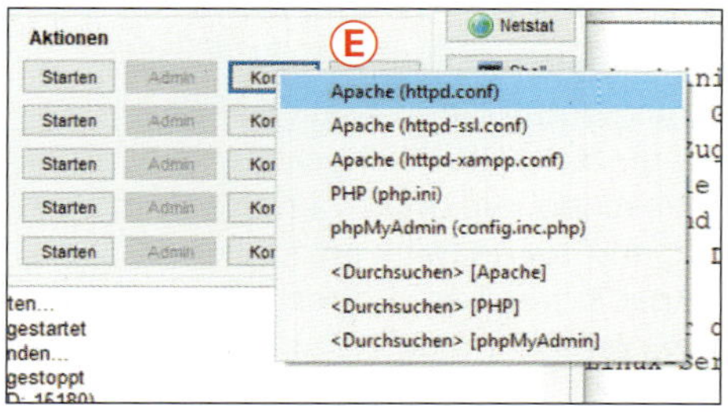

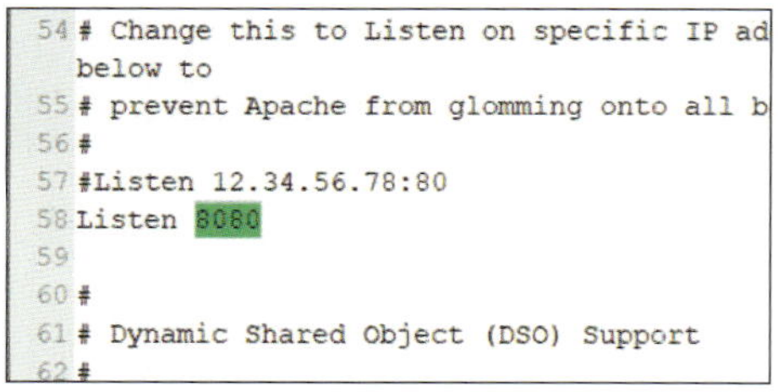

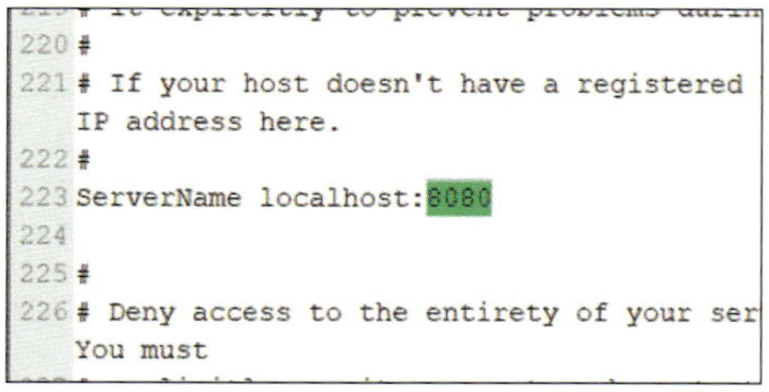

Apache (httpd.conf)

Die Portnummer muss an zwei Stellen geändert werden.

2.5 Joomla!-Installation

2.5.1 Joomla!-Paket speichern

Nach dem Herunterladen des Joomla!-Pakets müssen Sie es zunächst entpacken, umbenennen (in unserem Beispiel: Joomla) und in den Webspace Ihres Webservers verschieben. Auf dem Webserver und Ihrer lokalen Entwicklungsumgebung XAMPP ist das der *htdocs*-Ordner. Der Ordnername *htdocs* steht für Hypertext Documents und repräsentiert den sogenannten Webspace, also den Ordner auf einem Webserver, in dem die verschiedenen Dateien einer Website gespeichert werden. Sie finden den *htdocs*-Ordner im Programmverzeichnis von XAMPP auf Ihrer Festplatte.

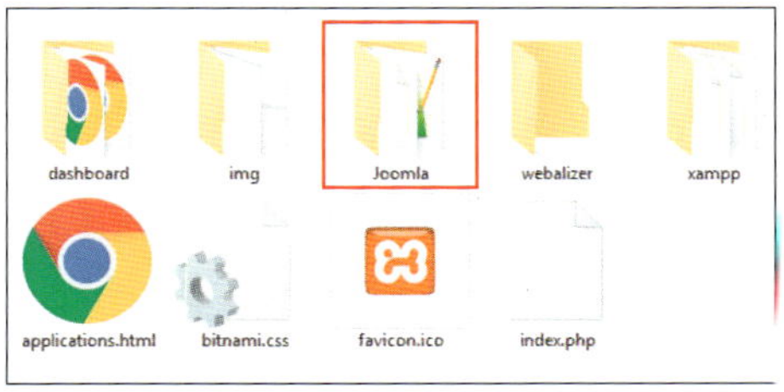

Struktur des htdocs-Ordners

2.5.2 Installation durchführen

Installation – Making of …

1 Gehen Sie in Ihrem Browser in den *htdocs*-Ordner. Bei der Internetinstallation mit Ihrer URL, in der lokalen Umgebung, wenn Sie mit XAMPP arbeiten, mit der Adresszeile http://localhost/ihrjoomlaordnername.

2 Folgen Sie den Anweisungen in den Konfigurationsfenstern im Browser. Während der Installation müssen Sie verschiedene Parameter in die einzelnen Felder eintragen. Wichtig: Sie können alle Einstellungen zu einem späteren Zeitpunkt wieder ändern.

3 **Hauptkonfiguration**
- *Name der Website* **A**
  Der Name der Website steht später in der Titelleiste des Browserfensters und ist wichtig für Suchmaschinen.
- *Beschreibung* **B**
  Dieser Text wird im Ergebnisfenster der Suchanfrage angezeigt.
- *E-Mail* **C**
  E-Mail-Adresse des Administrators der Website.
- *Benutzername* **D**
  Benutzername des Administrators der Website.
- *Passwort* **E**
  Passwort zur Anmeldung im Backend.

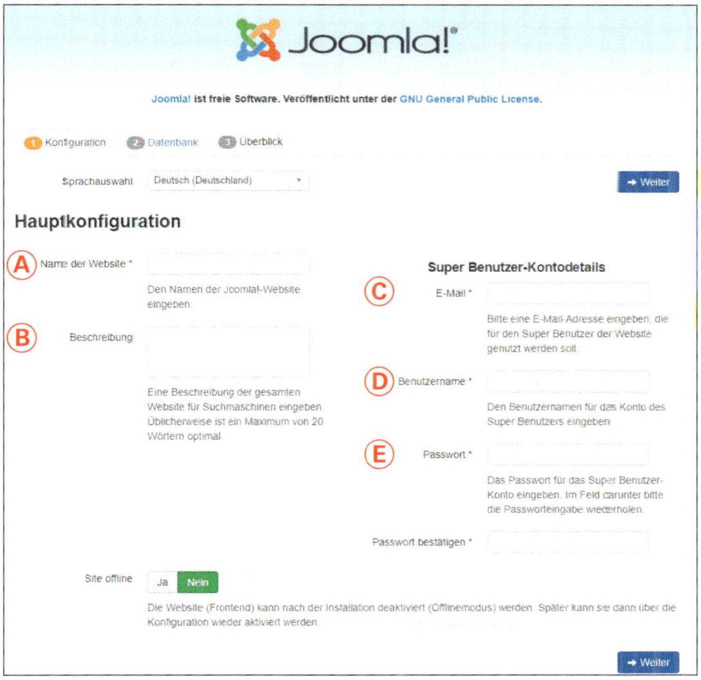

4 **Konfiguration der Datenbank**

- *Datenbanktyp* **A**
  Wählen Sie den von Ihrem Provider angegebenen Datenbanktyp. In der lokalen Entwicklungsumgebung ist es MySQL.
- *Servername* **B**
  Tragen Sie hier den von Ihrem Provider angegebenen Servernamen ein. In der lokalen Entwicklungsumgebung ist es *localhost*.
- *Benutzername* **C**
  Tragen Sie hier den von Ihrem Provider angegebenen Benutzernamen ein. In der lokalen Entwicklungsumgebung ist es *root*.
- *Passwort* **D**
  Dies ist nicht das Admin-Passwort, sondern das Datenbankpasswort. Tragen Sie hier das von Ihrem Provider vorgegebene Datenbankpasswort ein. In der lokalen Entwicklungsumgebung können Sie das Feld freilassen.
- *Datenbankname* **E**
  Tragen Sie hier den von Ihrem Provider angegebenen Datenbanknamen ein. In der lokalen Entwicklungsumgebung geben Sie einen frei zu wählenden Namen ein. Bei der weiteren Installation wird automatisch eine Datenbank mit diesem Namen angelegt.
- *Tabellenpräfix* **F**
  Sie können ein eigenes Tabellenpräfix vergeben oder das von Joomla! bei der Installation zufällig generierte verwenden. Die Verwendung eines Tabellenpräfix hat verschiedene Vorteile. Sie können durch Verändern des Tabellenpräfix mehrere Websites in einer Datenbank installieren. Ein Tabellenpräfix dient auch der Sicherheit Ihrer Website. Die Tabellen können von außen nur manipuliert werden, wenn der Angreifer das korrekte Präfix verwendet.
- *Alte Datenbanktabellen* **G**
  Wenn Sie bereits vorhandene Tabellen in der Datenbank weiter nutzen wollen, dann wählen Sie hier die Option *Sichern*.

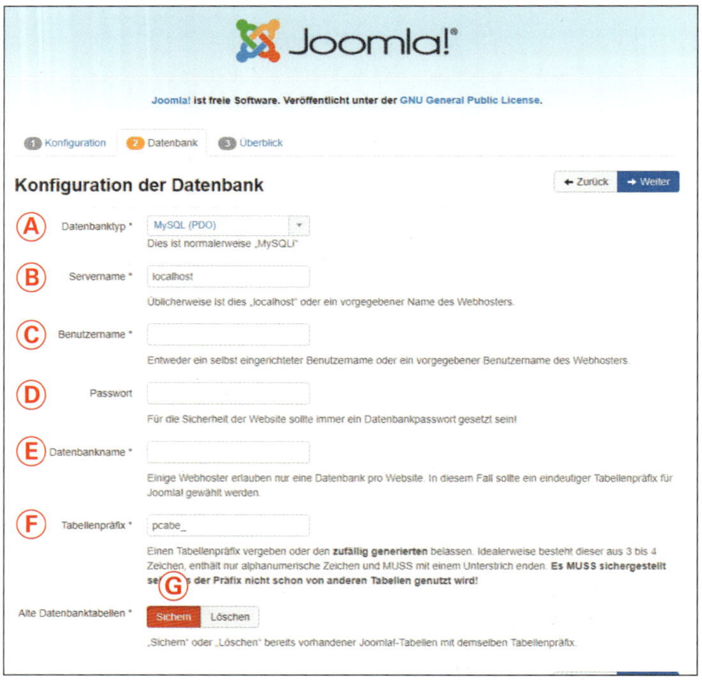

5 Zusammenfassung und Überblick
In diesem Konfigurationsfenster können Sie wählen, ob Joomla! Beispieldaten installieren soll. Zum Analysieren der verschiedenen Teile und zum Lernen macht dies Sinn. Wenn Sie eine eigene Website mit eigenen Inhalten erstellen möchten, dann klicken Sie die Option *Keine* **H** an. Außerdem zeigt Ihnen das Fenster alle bisher eingegebenen Konfigurationsparameter und das Ergebnis einer Installationsprüfung. Mit einem Klick auf den Button *Installieren* **I** starten Sie die eigentliche Installation.

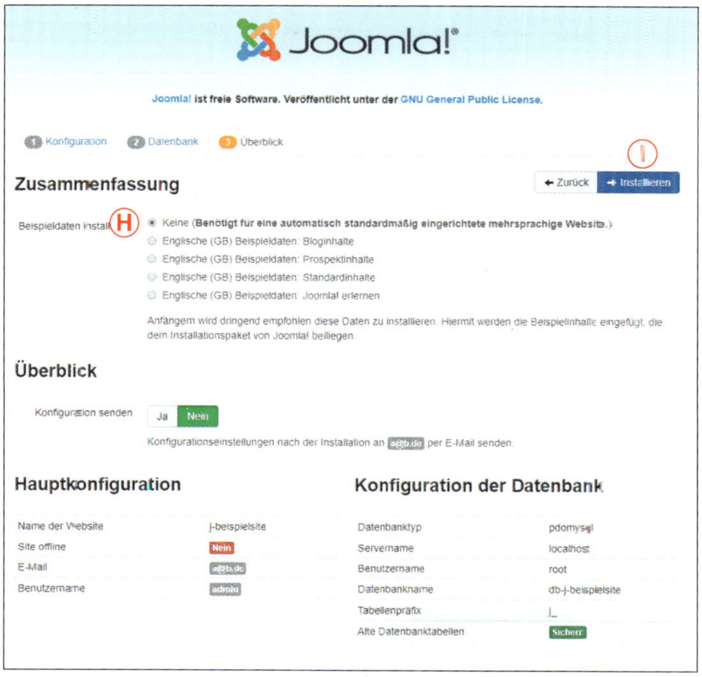

6 Installation abschließen

- Nach der erfolgreichen Installation werden Sie noch aufgefordert, das Installationsverzeichnis zu löschen **J**.
- Klicken Sie auf den Button *Administrator* **K**, um ins Backend Ihrer Website zu gelangen.

2.6 Datenbank – phpMyAdmin

Bei der Installation wurde automatisch eine Datenbank für Ihre Website angelegt und mit den Joomla!-Tabellen befüllt. Zum Öffnen der Datenbank geben Sie im Browser http://localhost/phpmyadmin ein. Neben den Standarddatenbanken von XAMPP zeigt die Übersicht auch die Beispieldatenbank **A**.

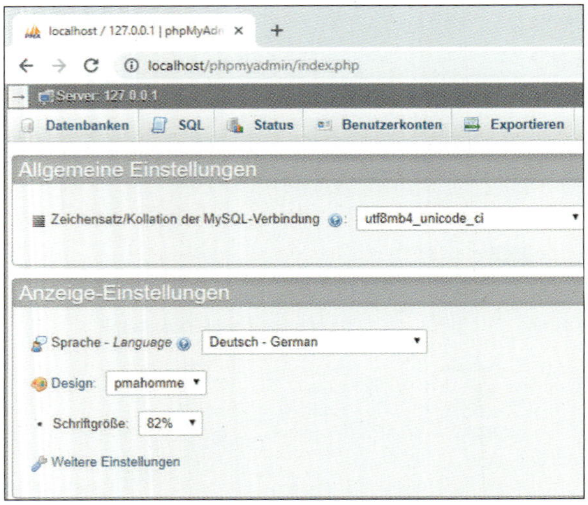

Startseite der Datenbankverwaltung phpMyadmin

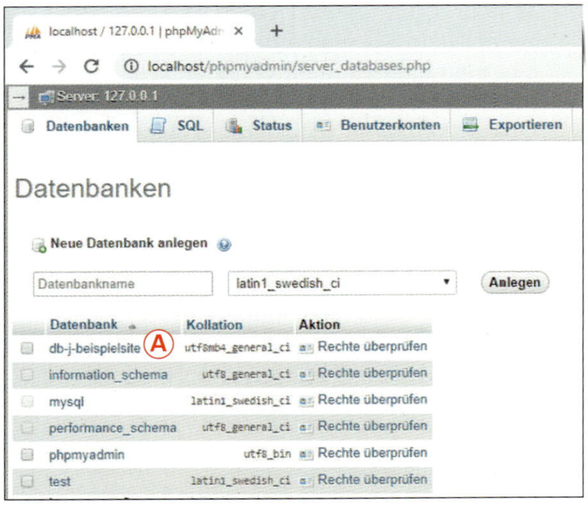

Übersicht der Datenbanken

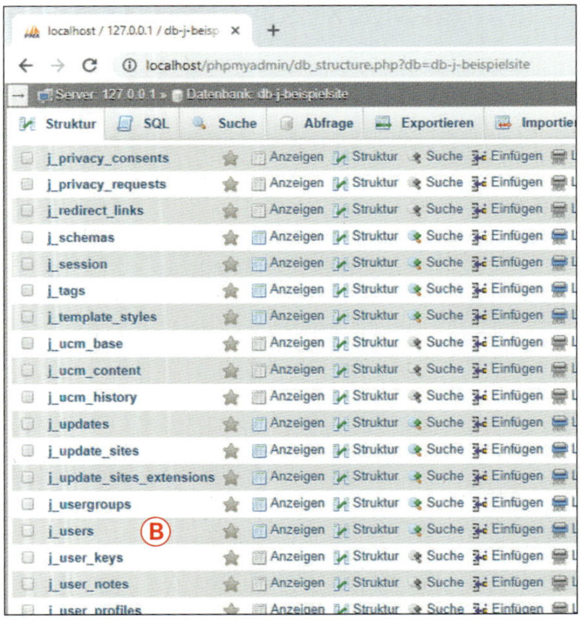

Datenbanktabellen der Beispielwebsite

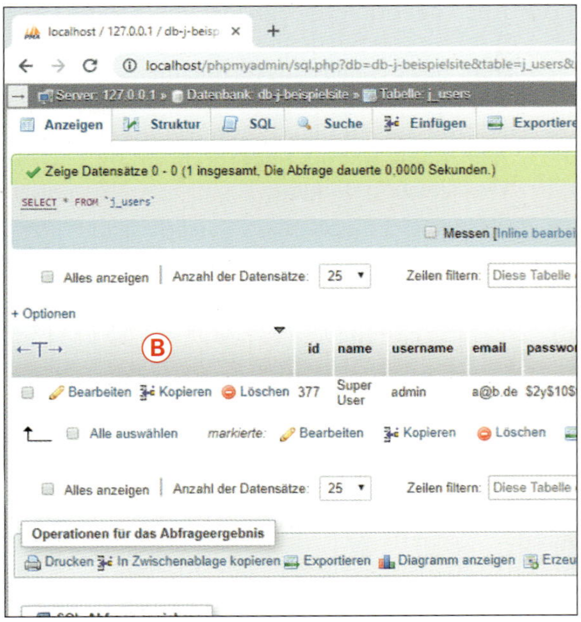

Datenbanktabelle – j-users B

2.7 Anmeldung und Nutzergruppen

2.7.1 Frontend – Backend

Zu der Erstellung und Pflege eines Web-auftritts mit einem Content-Management-System gehört die Organisation eines detaillierten Nutzer- und Rechtemanagements. Außer für die Rechteebene *Öffentlich*, die Ebene für alle Internetnutzer, müssen Sie sich immer mit Ihrem Nutzernamen und Passwort anmelden, um Zugriff auf bestimmte Bereiche im Frontend oder im Backend der Website zu erhalten.

Frontend-Login
Je nach Rechteebene erhält der Nutzer nach seiner Anmeldung Zugriff auf bestimmte Bereiche des Frontends der Website.

Backend-Login
Das Backend-Login öffnet sich im Browserfenster, wenn Sie in der Adresszeile des Browsers der URL noch */administrator* hinzufügen.

2.7.2 Rechteabstufung

Nach erfolgreicher Anmeldung im Backend befinden Sie sich im Kontrollzentrum mit allen wichtigen Bereichen des CMS. Im Kontrollzentrum können Sie in den verschiedenen Rubriken Ihr persönliches CMS konfigurieren. So ist es z. B. unter dem Menüpunkt *Benutzer* **A** möglich, die Rechte eines Nutzers in neun Abstufungen festzulegen. Grundsätzlich gilt in der Rechtehierarchie immer das Prinzip, dass eine höhere Stufe alle Rechte der darunterliegenden Rechtestufen mit umfasst. Zusätzlich können Sie eigene Nutzergruppen mit einer eigenen Rechteebene festlegen. Dies lässt sich so feingliedrig einstellen, dass z. B. der Zugriff auf einen bestimmten Artikel im Frontend nur einem einzigen Nutzer möglich ist.

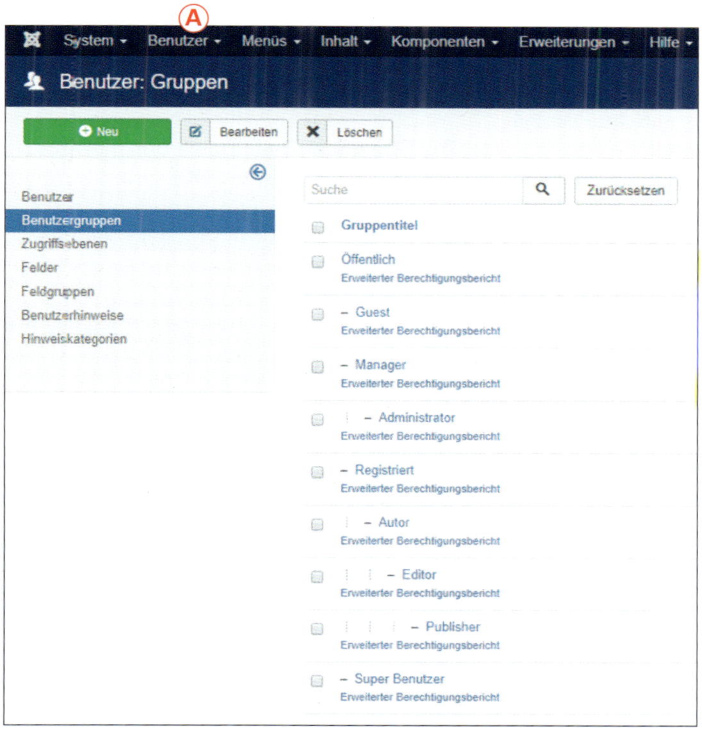

2.8 Content

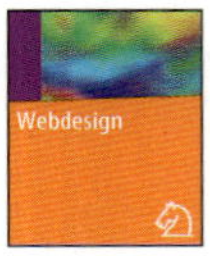

2.8.1 Sitestruktur

Content Management bedeutet immer auch die Strukturierung und Verwaltung von Inhalten. Bevor Sie mit dem Erstellen von Inhalten beginnen, müssen Sie deshalb die Strukturierung und Hierarchisierung des Inhalts Ihrer Website durchführen.

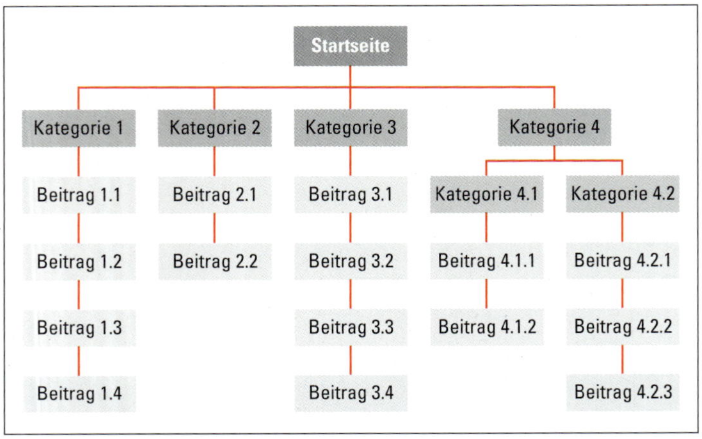

Sitestruktur der Beispielwebsite

Die Sitestruktur als Basis der hierarchischen Gliederung in Kategorien und Beiträge beschreibt eine technische Dimension der Siteerstellung. Die Konzeption, Gestaltung und Erstellung umfassen mehr, sie bedingen das Zusammenwirken vielfältiger Aspekte und Bereiche:

- Design
- Inhalt
- Menü
- Navigation
- Benutzer
- Zielgruppe

Die Auflistung ist alphabetisch, um zu verdeutlichen, dass alle Punkte gleichwertig und gleich wichtig sind. Im Band „Webdesign" der Bibliothek der Mediengestaltung haben wir die Bereiche ausführlich thematisiert.

2.8.2 Kategorien

Mit Kategorien gliedern Sie die Beiträge, d.h. den Content, Ihrer Website in Gruppen. In Joomla! sind beliebige Hierarchisierungen und Verschachtelungen von Kategorien möglich.

Parameter

Bei der Erstellung einer Kategorie definieren Sie als wesentliche Parameter die Hierachieebene und die Zugriffsebene, öffentlich für alle Nutzer, registriert nur für angemeldete Nutzer. Die Zugriffsebene vererbt sich automatisch auf alle Unterkategorien und den Kategorien zugeordneten Beiträge.

Rechte

Bei der Erstellung einer Kategorie definieren Sie, welche Zugriffs- und Bearbeitungsrechte eine bestimmte Nutzergruppe in dieser Kategorie hat. Die Rechte vererben sich ebenfalls automatisch auf alle Unterkategorien und zugeordneten Beiträge.

Making of ...

Übertragen Sie die Sitestruktur im Backend und erstellen Sie dort die entsprechenden Kategorien und Unterkategorien. In Joomla! sind beliebige Hierarchisierungen und Verschachtelungen von Kategorien möglich.

1 Erstellen Sie unter Menü *Inhalt > Kategorien > Neue Kategorie* die Kategorien der Beispielsite.
- Status: *Veröffentlicht* **A**
- Berechtigungen: *Öffentlich* **B**
- Zugriffsebene: *Öffentlich* **C**

2.8.3 Beiträge

Beiträge werden unter Menü *Inhalt > Beiträge* verwaltet. Die Erstellung und Gestaltung des Contents im CMS oder in einem WYSIWYG-Webeditor unterscheidet sich nicht wesentlich.

Beitrag erstellen – Making of ...

Übertragen Sie die Sitestruktur im Backend und erstellen Sie dort die entsprechenden Beiträge. Im erste Schritt zunächst noch ohne Inhalt.

1 Erstellen Sie unter Menü *Inhalt > Beiträge > Neue Beiträge* die Beiträge der Beispielsite.
- Status: *Veröffentlicht* **D**
- Kategorie: *nach Siteschema, in unserem Beispiel Kategorie 1* **E**
- Haupteintrag: *Nein* **F**
  Ja bewirkt die Anzeige des Beitrags auf der Startseite der Site.
- Zugriffsebene: *Öffentlich* **G**

Anzeigen und Funktionen
Im CMS können Sie für jeden Beitrag oder global für Ihre Site unter dem Reiter *Optionen* **H** spezifische Einstel-

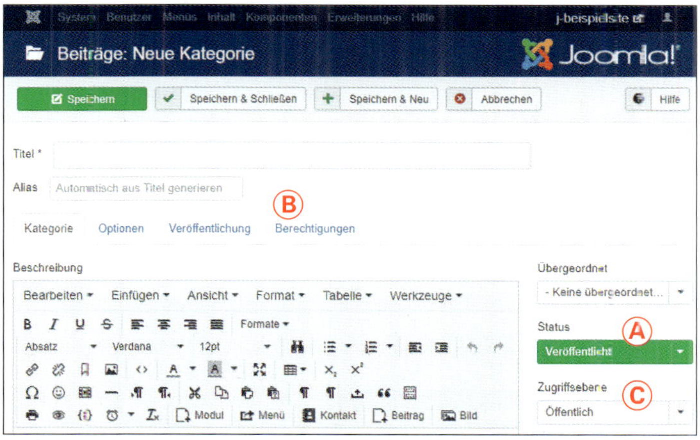

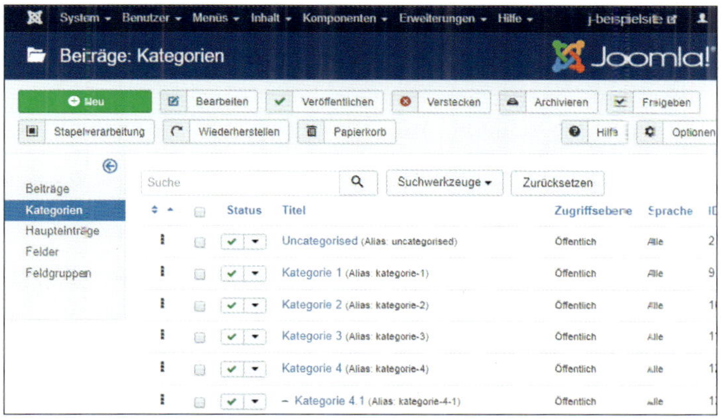

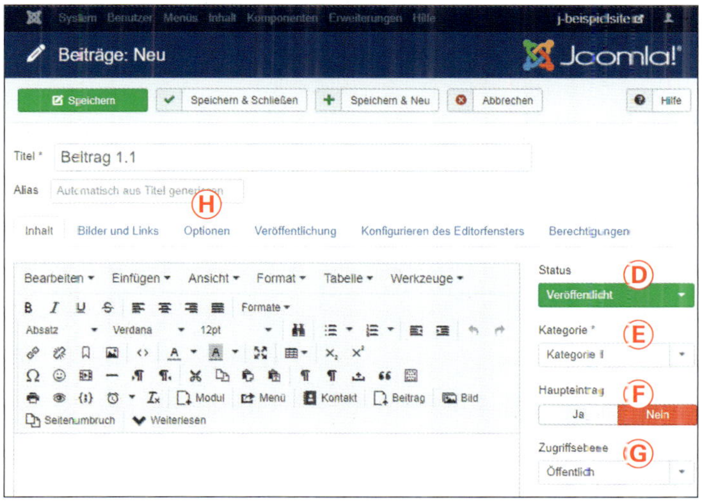

lungen treffen. Sie entscheiden, ob der Autor **A** der Seite oder z. B. das Erstellungsdatum **B** automatisch angezeigt wird. Die automatische Generierung der Druckansicht **C** oder die Versendung des Contents als E-Mail **D** sind weitere Features, die Content-Management-Systeme bieten.

Zeitsteuerung – Content Lifecycle Management

Sie können durch Datumseingaben den zeitlichen Startpunkt **E** und Endpunkt **F** der Publikation eines Beitrags im Frontend steuern. Die Ausführung übernimmt das CMS automatisch. Der Beitrag bleibt natürlich auch nach dem Ende der Veröffentlichung im CMS.

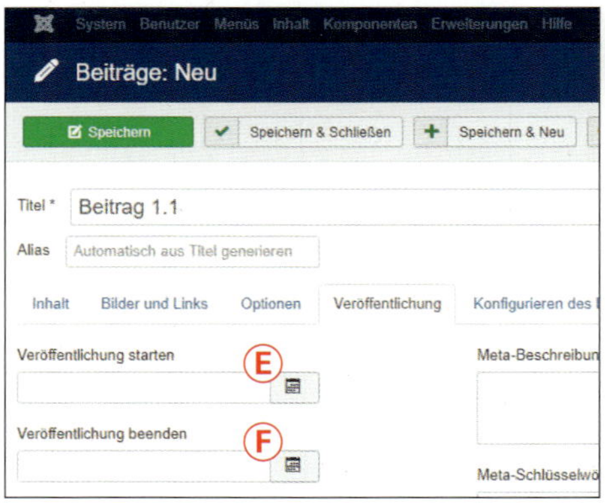

Verwaltung der Beiträge

Die Beiträge stehen, wie alle Inhalte des CMS, in der zugehörigen Datenbank.

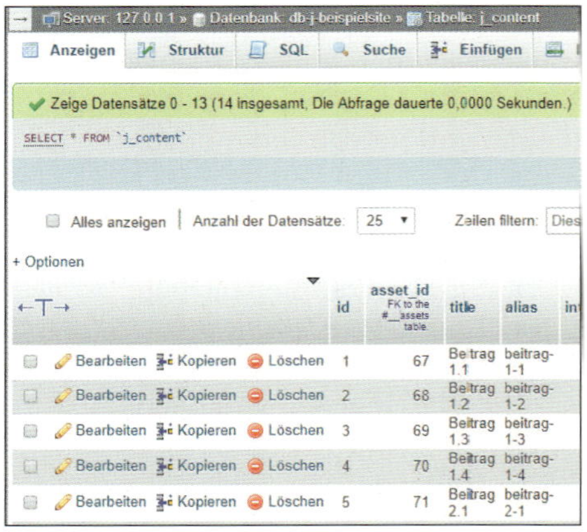

Rechte

Bei der Erstellung eines Beitrags legen Sie analog zur Erstellung einer Kategorie im Reiter *Berechtigungen* fest, welche Zugriffs- und Bearbeitungsrechte eine bestimmte Nutzergruppe auf diesen Beitrag hat.

Nutzer legen Sie unter Menü *Benutzer > Verwalten > Neuer Benutzer* an. In unserer Beispielsite haben wir keine Benutzer angelegt. Sie bearbeiten als *Super User* **G**, d. h. als Administrator, alle Bereiche des CMS selbst.

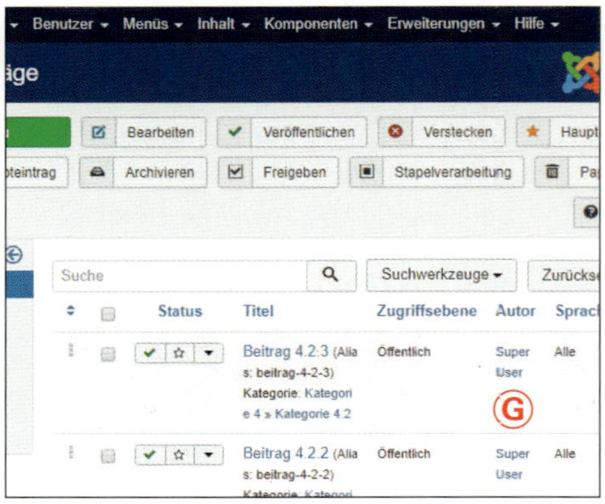

Zugriffsebenen
Bei der Erstellung eines Beitrags müssen Sie die Zugriffsebene festlegen.

- *Öffentlich*
  Die Inhalte der Zugriffsebene *Public* ist für alle Nutzer der Website sichtbar. Der Zugriff ist für jeden Nutzer nach Aufruf der Seite im Browser auch ohne Registrierung möglich.
- *Registriert*
  Nur angemeldete Nutzer ab der Zugriffsebene *Registriert* sehen den so klassifizierten Inhalt.
- *Spezial*
  Der Inhalt mit der Zugriffsebene *Spezial* ist erst für angemeldete Nutzer ab der Benutzergruppe *Autor* sichtbar.
- *Eigene Rechteebene*
  Frei konfigurier- und zuordenbare Nutzerrechte. Sie können unter Menü *Benutzer > Zugriffsebene > Neue Zugriffsebene* beliebig viele eigene Rechteebenen erstellen.

Beiträge freigeben
Der redaktionelle Workflow ist häufig zweigeteilt. Nach dem Vieraugenprinzip wird der Content vom Autor erstellt, von einer zweiten Person überprüft und dann zur Publikation freigegeben oder zur Korrektur zurückgegeben. Dies dient der Sicherheit, da freigegebene Beiträge ja grundsätzlich sofort im Frontend sichtbar sind. In der Rechtevergabe der Nutzerverwaltung können Sie festlegen, ob ein Redakteur/Autor seine eigenen Beiträge direkt publizieren kann oder ob die Beiträge zunächst *versteckt* sind und von einer Person einer höheren Rechteebene dann auf *ver-öffentlicht* gestellt werden müssen.

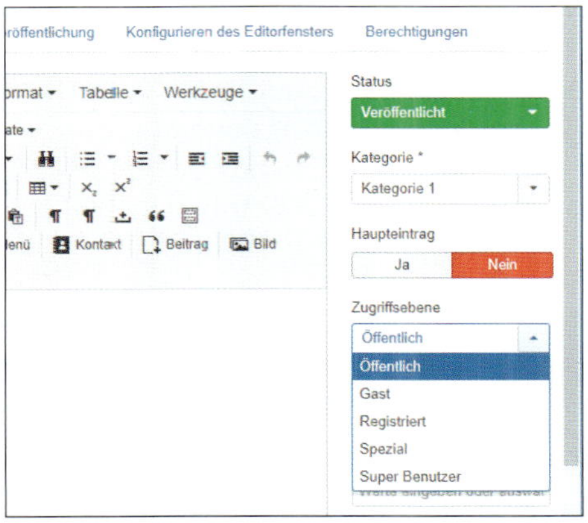

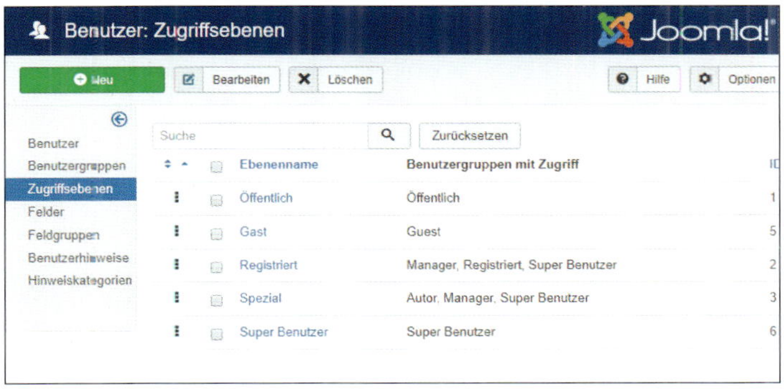

Beitrag bearbeiten – Making of …

Fügen Sie einem Beitrag Inhalt hinzu. Der Beitrag soll auf der Startseite angezeigt werden. Die ersten beiden Absätze sind der Teaser des Beitrags.

1. Bearbeiten Sie den zu bearbeitenden Beitrag, in unserem Beispiel den Beitrag 1.1.
2. Öffnen Sie die Übersicht der Beiträge mit Menü *Inhalt > Beiträge*.
3. Wählen Sie den Beitrag aus und öffnen Sie das Fenster *Beiträge: Bearbeiten* mit einem Doppelklick auf den Beitragsnamen.

4 Ändern Sie den Seitentitel **A**. Das bei der Beitragserstellung automatisch erzeugte Alias **B** zur internen Verwaltung bleibt unverändert.

5 Klicken Sie in das Arbeitsfenster **C** und geben Sie Text ein.

6 Fügen Sie die Funktion *Weiterlesen* **D** ein. Damit wird im Frontend durch einen Klick der vollständige Beitrag angezeigt.

7 Ändern Sie die Einstellung *Haupteintrag* auf *Ja* **E**.

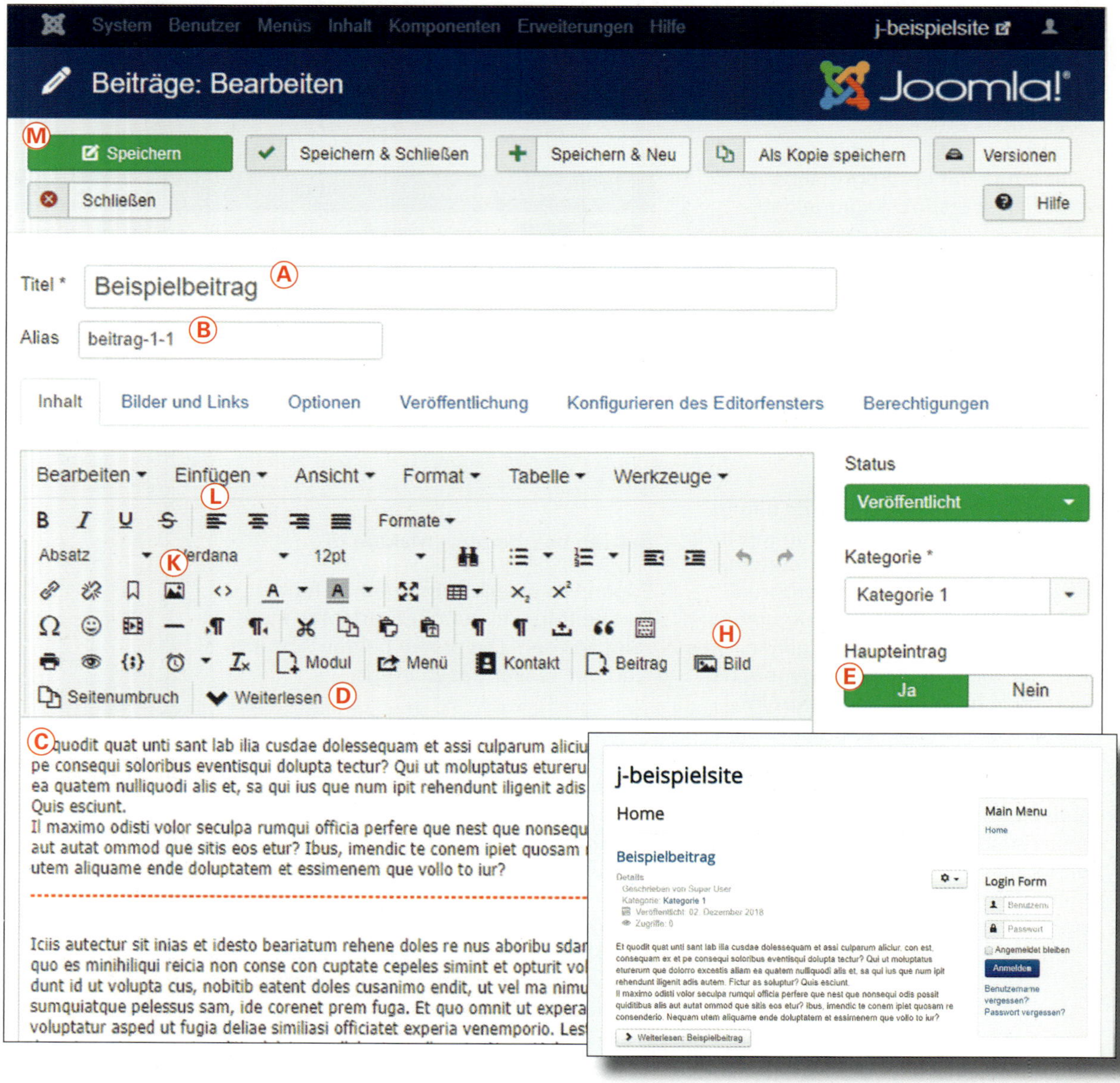

2.8.4 Medien-Manager

Die Bilder und Medien der Website werden im Medien-Manager verwaltet.

Bild hochladen – Making of …

1 Öffnen Sie den Medien-Manager unter Menü *Inhalt > Medien.*

2 Erstellen Sie ein neues Verzeichnis. Für unsere Beispielsite haben wir das Verzeichnis *beispielbilder* **F** erstellt.

3 Öffnen Sie das Verzeichnis.

4 Laden Sie das Bild von Ihrem Computer hoch **G**.

Bild einfügen – Making of …

Dem Beitrag aus Abschnitt 2.8.3 (siehe linke Seite) soll ein Bild hinzugefügt werden. Die Beitragsdetails sollen nicht mehr angezeigt werden.

1 Klicken Sie im Arbeitsfenster an die Textstelle, an der das Bild eingefügt werden soll **C**.

2 Wählen Sie das Werkzeug *Bild* **H**.

3 Wählen Sie im Medien-Manager das Bild **I** aus. Bestätigen Sie die Auswahl mit *Einfügen* **J**.

4 Wählen Sie im Arbeitsfenster das Bild aus und öffnen Sie das Fenster *Bild einfügen/bearbeiten* **K**. Geben Sie dort die Bildgröße und den Abstand um das Bild ein.

5 Richten Sie das Bild mit *Linksbündig ausrichten* **L** aus.

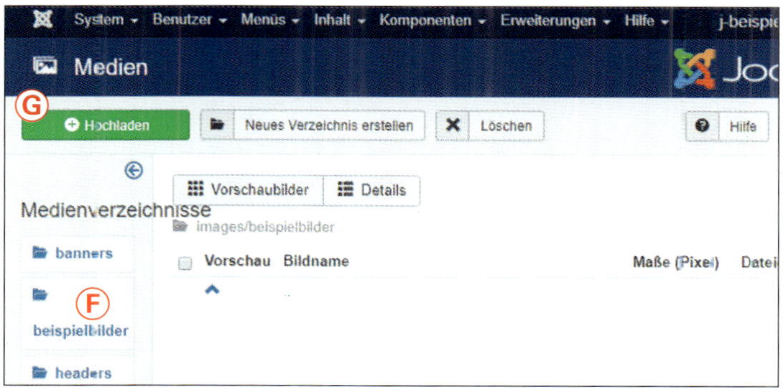

6 Beenden Sie die Bearbeitung mit *Speichern* **M**.

7 Verbergen Sie die Beitragsdetails im Fenster *Optionen* unter Menü *Inhalt > Beiträge.*

2.9 Templates

Die Darstellung der Website im Browser und die Verknüpfung der verschiedenen Komponenten, Module und Plugins der Website wird von Templates bestimmt. Templates setzen sich aus mehreren CSS-, HTML- und PHP-Dateien zusammen. Die CSS-Dateien dienen zur Abbildung des Designs, die HTML- und PHP-Dateien zur Umsetzung der Funktionalität. Auch bei strikter Trennung von Inhalt, Struktur und Design einer Website ist es deshalb sinnvoll, sich schon zu einem frühen Zeitpunkt mit dem Design der Site zu befassen. Bei der Joomla!-Installation wurden automatisch zwei Templates für das Backend und zwei Templates für das Frontend installiert. Jeweils ein Template ist voreingestellt.

Modulpositionen anzeigen

Die Modulposition gibt an, an welcher Stelle im Frontend das Modul angezeigt wird. Unter Menü *Erweiterungen > Module* wählen Sie das Modul, z.B. Login Form, aus und legen seine Position fest.

Making of...

1 Ergänzen Sie die URL der Adresszeile des Browsers mit */index.php?tp=1*.

2 Aktivieren Sie die Vorschau der Modulpositionen unter Menü *System > Konfiguration > Templates > Vorschau von Modulpositionen*.

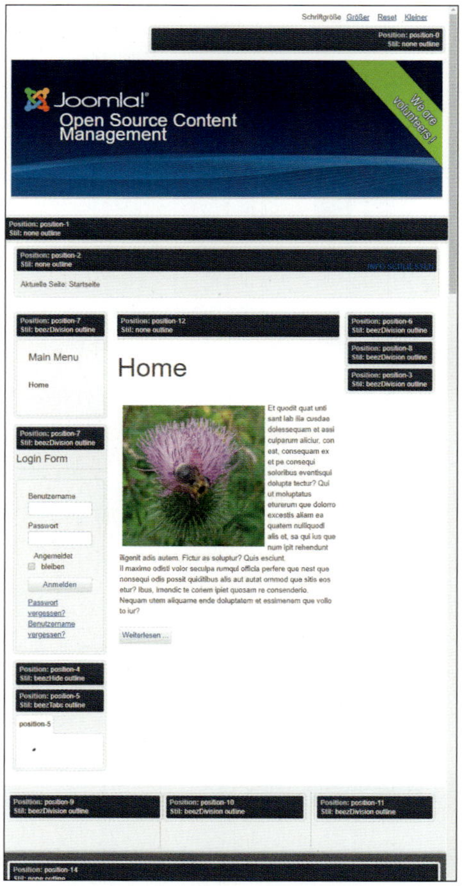

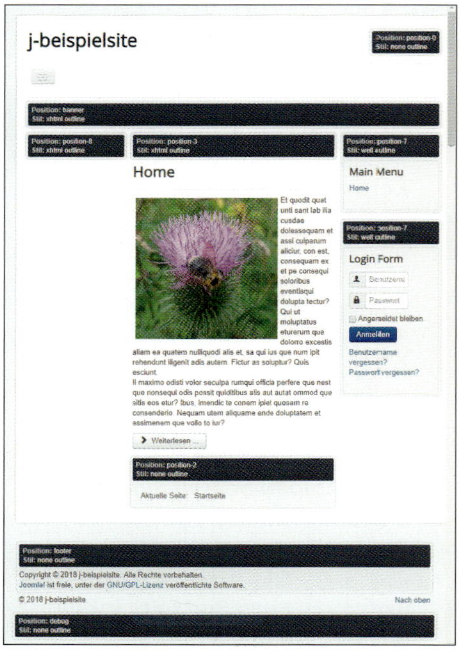

Standard-Frontend-Templates
Links: Beez3
Rechts: Protostar

2.9.1 Template auswählen

Bei der Joomla!-Installation wurde das Template *protostar* automatisch als Standard gesetzt.

Making of …

Das Site-Template soll von *protostar* auf *Beez3* umgestellt werden.

1. Öffnen Sie das Fenster Templates: Stile (Site) mit Menü *Erweiterungen > Templates > Stile*.
2. Klicken Sie auf den Stern **A** in der Zeile *Beez3*. Nach dem erneuten Laden des Frontends ist dieses Template aktiv.

2.9.2 Template modifizieren

Templates können Sie modifizieren und damit das Design nach Ihren Vorstellungen optimieren.

Making of …

1. Gehen Sie auf Menü *Erweiterungen > Templates > Templates > Details und Dateien*.
2. Kopieren Sie das Template, um das Original zu behalten **B**.
3. Öffnen Sie mit einem Doppelklick die jeweilige Datei zur Bearbeitung im Editor.

2.9.3 Template laden

Die beiden Standardtemplates sind für den Einstieg in die Arbeit mit Joomla! gut geeignet. Aber auch mit umfangreichen Anpassungen werden die Templates Sie auf Dauer nicht zufriedenstellen. Es gibt im Internet sehr viele kostenlose und auch kostenpflichtige Templates zum Herunterladen, um sie in Ihrer Site zu installieren.

Making of …

1. Laden Sie die Template-Datei, z.B. von www.joomlaos.de auf Ihren Computer.
2. Installieren Sie das Template im Template-Manager mit Menü *Erweiterungen > Verwalten > Installieren*.

2.10 Menüs

Bei der Planung der Websitestruktur legen Sie auch die Art und Position der Menüs fest. Jedes Menü ist in Joomla! ein eigenes Modul. Blenden Sie deshalb zur Positionierung der Menüs die Modulpositionen des Templates ein.

Das Modul Breadcrumb-Menü erzeugt den Pfad von der Startseite zur im Browserfenster angezeigten Seite automatisch. Für alle anderen Menüs müssen Sie bei der Erstellung eines neuen Menüpunkts zunächst den Menüeintragstyp festlegen. So können Sie z. B. auf eine Kategorie, einen Beitrag **A** oder eine externe URL **B** verlinken. Analog zur Vergabe der Zugriffsrechte und

Menüeintragstypen

Die Auswahl erfolgt bei der Erstellung neuer Menülinks.

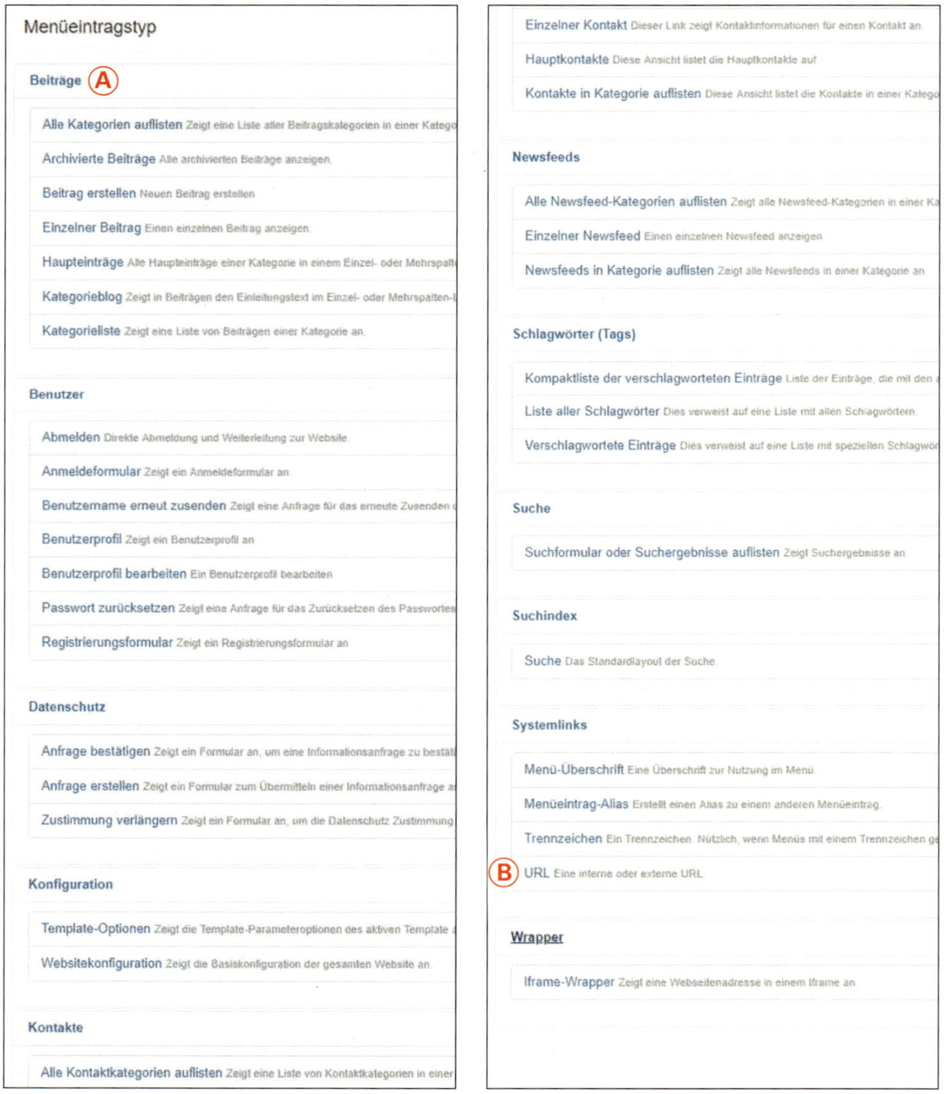

Zugriffsebenen können Sie auch den Menüeinträgen bestimmte Parameter zuordnen. Damit ist es möglich, dass bestimmte Menüpunkte nur für einzelne Nutzer oder Gruppen sichtbar sind.

Making of…

Die Beiträge der Kategorie 2 und die Erweiterungen Routenplaner sowie Kontaktformular sollen in einem neuen Menü verlinkt werden. Das Menü soll waagerecht über dem Titelbild angeordnet sein.

1 Erstellen Sie ein neues Menü mit Menü *Menüs > Verwalten > Neues Menü*.

2 Geben Sie den Menütitel **A** ein, in unserem Beispiel „Topmenü“. Der Menütyp **B** ist für die interne Verwaltung. Wir vergeben den Menütitel klein geschrieben und ohne Umlaute.

3 Beenden Sie die Erstellung mit *Speichern & Schließen* **C**.

4 Erstellen Sie für das neue Menü ein Modul **D**. Als Modulposition wählen Sie die *position-1*.

5 Öffnen Sie das Menü mit Menü *Menüs > Topmenü*.

6 Erstellen Sie neue Menüeinträge für die Beiträge der Kategorie 2 mit *Neu* **E**. Als Menüeintragstyp wählen Sie *Beiträge > Einzelner Beitrag*.

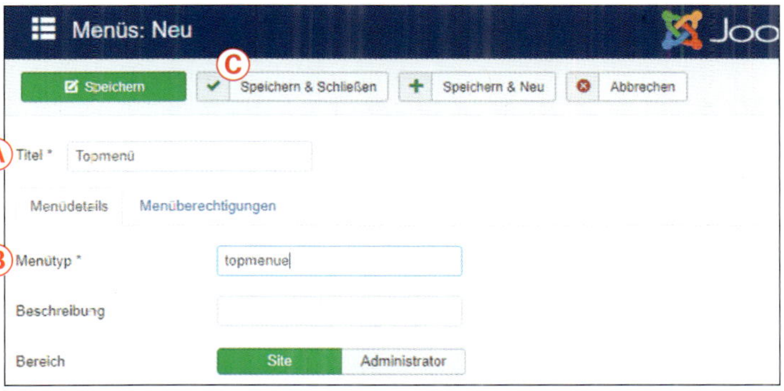

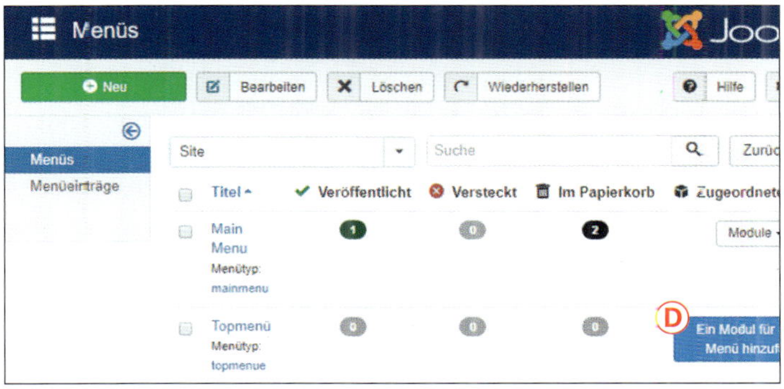

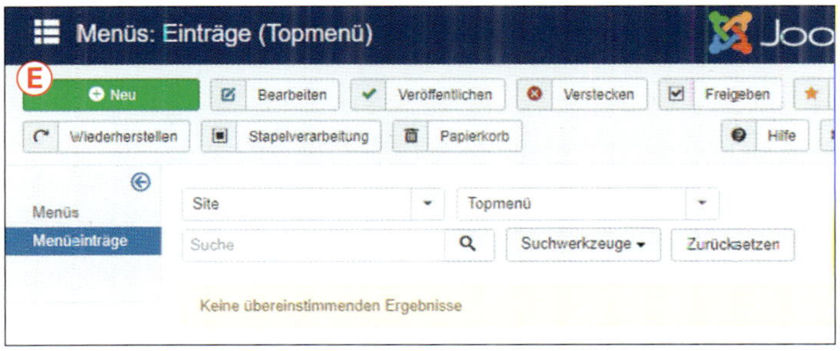

2.11 Erweiterungen

Erweiterungen in Joomla! sind CMS-Elemente, die das System um bestimmte Funktionalitäten ergänzen. Wir unterscheiden drei Arten von Erweiterungen: Module, Plugins und Templates. Sie kommen über das Menü *Erweiterungen* zur jeweiligen Konfiguration. Unter der Menüoption *Erweiterungen > Erweiterungen* werden Erweiterungen aus externen Quellen installiert. Auf der Website von www.joomla.org werden mittlerweile ca. 8000 Erweiterungen als Module oder Plugins zum Download angeboten. Das Angebot reicht vom einfachen Kontaktformularmodul und Downloadkomponenten für strukturierten Dateidownload bis zum komplexen Shopsystem.

2.11.1 Module

Das Besondere an einem Modul im Gegensatz zu einem Plugin ist, dass das Modul über die Datei *index.php* im Ordner des gewählten Templates mit der in den CSS-Dateien festgelegten Position auf dem Screen verknüpft ist. Die Namen der Modulpositionen definieren Sie in der Datei *templateDetails.xml*, die sich ebenfalls im Ordner des jeweiligen Templates befindet. Die Verwaltung der Module erfolgt unter Menü *Erweiterungen > Module*. Dort können Sie auch durch Klicken auf den Button *Neu* aus der Liste der in Joomla! schon vorinstallierten Module auswählen. Beispiele für Module sind die Menüs, das Anmeldefenster oder eine Bildergalerie.

2.11.2 Plugins

Plugins arbeiten im Hintergrund des Systems, sie haben anders als die Module keine Position auf dem Screen der Website. Die Verwaltung der Plugins finden Sie im Menü *Erweiterungen > Plugins*.

Erweiterungen
https://extensions.joomla.org

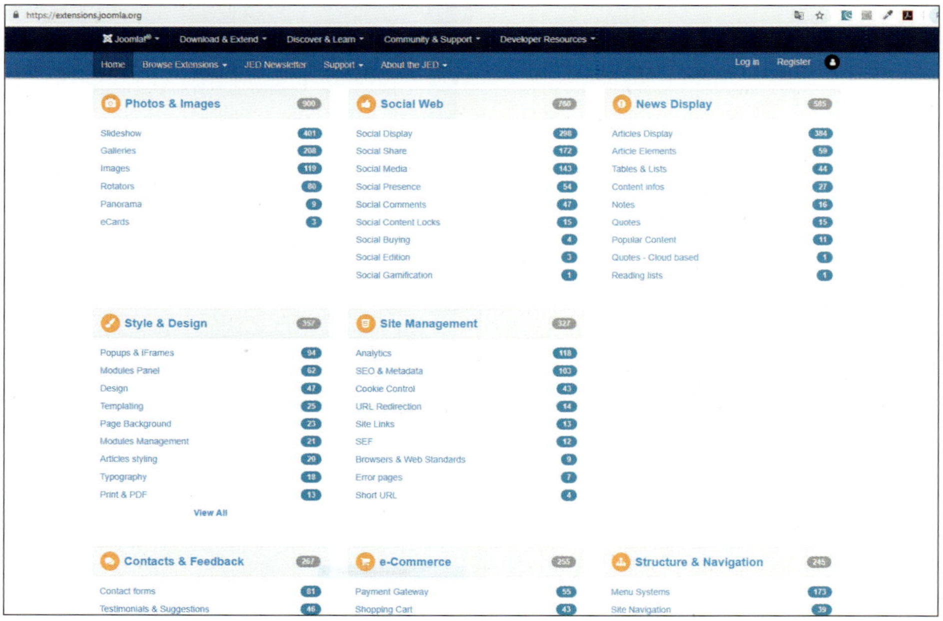

2.12 Karte und Routenplaner

Karten und Routenplaner sind heute Teil sehr vieler Websites. Natürlich denkt zunächst jeder an Google Maps. Es gibt aber auch gute und ebenfalls kostenlose Alternativen. Wir haben in unsere Beispielsite den Routenplaner von Falk verknüpft.

Making of ...

1 Gehen Sie auf die Falk-Homepage www.falk.de.

2 Rufen Sie im Kontextmenü **A** die Option *Routenplaner-Widget* **B** auf.

3 Konfigurieren Sie die *Widget-Einstellungen* **C**.

4 Kopieren Sie den automatisch erstellten HTML-Code.

5 Erstellen Sie einen neuen Beitrag mit dem Beitragstitel „Route“.

6 Öffnen Sie das Quelltextfenster **D** und setzen Sie den HTML-Code aus der Zwischenablage ein **E**.

7 Verlinken Sie den Beitrag im Topmenü mit einem Menülink **F**.

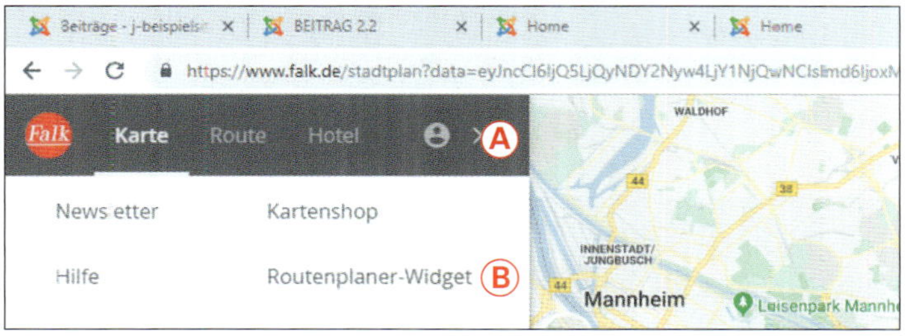

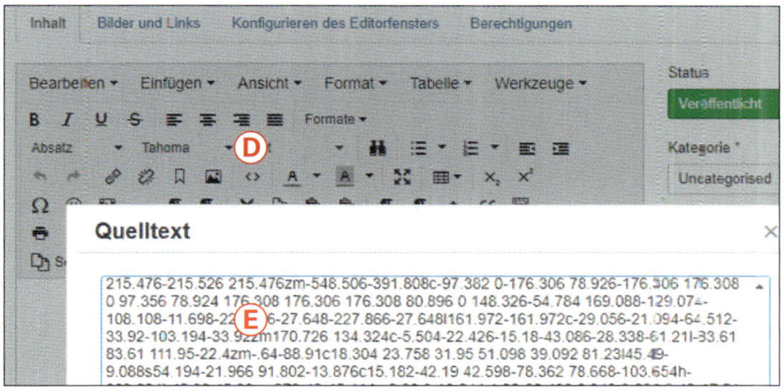

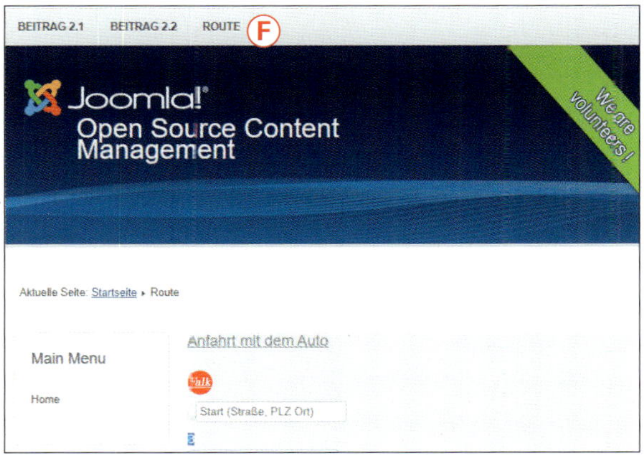

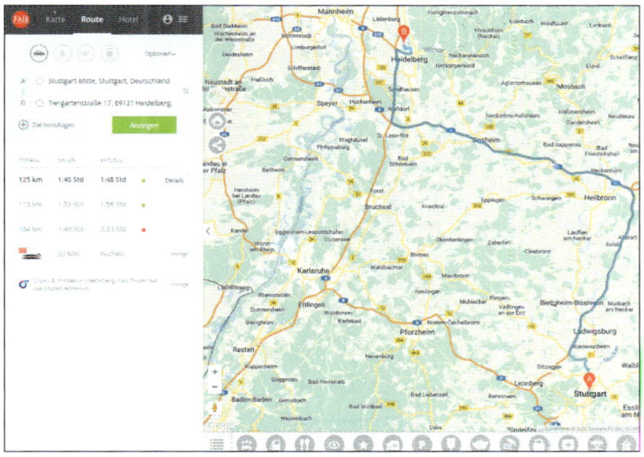

2.13 Kontaktformular

Kontakte und damit verknüpfte Kontaktformulare sind eine Erweiterung, die schon Teil der Standardinstallation von Joomla! ist.

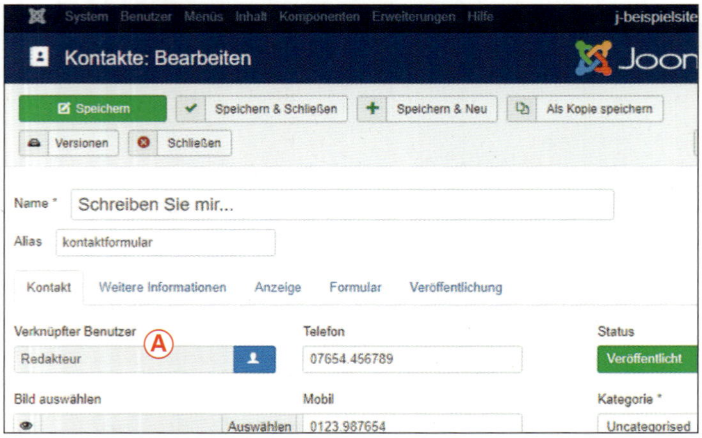

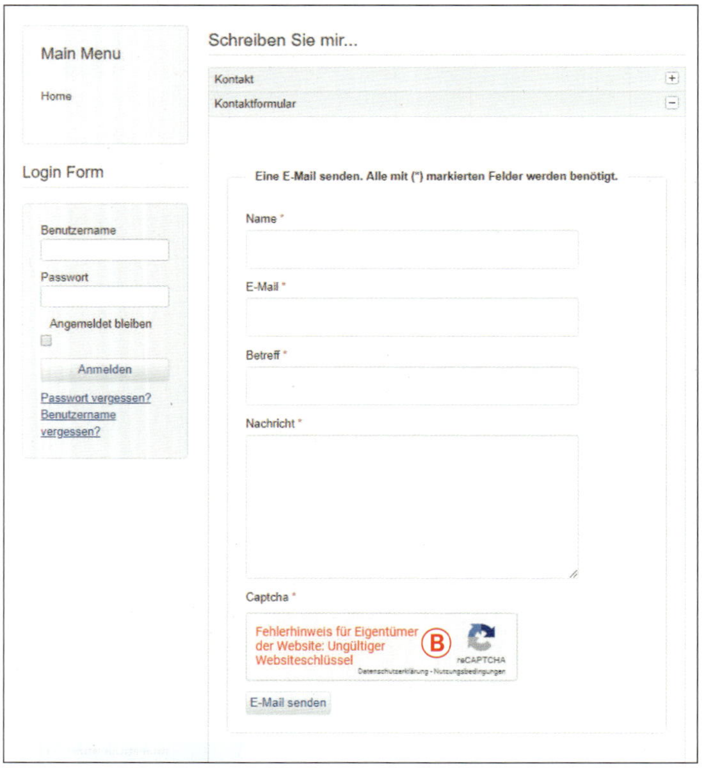

Making of ...

1 Legen Sie dazu zunächst unter Menü *Komponenten > Kontakte* einen neuen Kontakt an.

2 Verknüpfen Sie diesen Kontakt mit dem Benutzer **A**, der Empfänger des Kontaktformulars sein soll.

3 Konfigurieren Sie im Fenster *Kontakte: Kontakt* alle Parameter.

4 Als Schutz für die Übertragung des Kontaktformulars per E-Mail fügen Sie noch ein Captcha ein. Dazu müssen Sie unter Menü *Erweiterungen > Plugins Captcha -ReCaptcha* aktivieren. Die Schlüssel zur Konfiguration gibt es kostenlos unter www.google.com/recaptcha. Beachten Sie dabei:
- Captcha muss unter Menü *System > Konfiguration* aktiviert sein.
- Sie brauchen zur Registrierung ein Google-Konto.
- Die Website muss online sein, sonst bekommen Sie eine Fehlermeldung **B**.

5 Damit die Nutzer im Frontend auch das Kontaktformular anwählen können, erstellen Sie noch einen Link, in unserem Beispiel im Topmenü.

2.14 Kalender

Wir installierten auf unserer Beispielsite den Kalender und Terminplaner *JEvents* **A**. Es ist einer von über 180 Events Calenders, die Sie von www.joomla.org herunterladen können.

Informieren Sie sich dort schon vor dem Download über die Funktionen und Systemvoraussetzungen für die Installation des Moduls.

Making of …

1 Laden Sie die gezippte Kalenderdatei auf Ihren Rechner. Entpacken Sie die Datei nicht.

2 Installieren Sie unter Menü *Erweiterungen > Erweiterungen > Paketdatei hochladen* die gezippte Datei.

3 Bei der Installation wurde automatisch im Menü *Komponenten* die Option *jevents* eingerichtet.

4 Laden Sie die deutsche Sprachdatei von JEvents-Website, www.jevents.net, herunter (*Home > Downloads > Translations> JEvents Core > Translations*).

5 Installieren Sie die Sprachdatei unter Menü *Erweiterungen > Verwalten > Installieren*.

6 Erstellen Sie einen Menülink im Topmenü auf das Kalender-Modul, damit die Nutzer im Frontend auf den Kalender zugreifen können.

7 Konfigurieren Sie JEvents im Kontrollzentrum unter *Komponenten > JEvents*. Dort pflegen Sie auch die Termine in den Kalender ein.

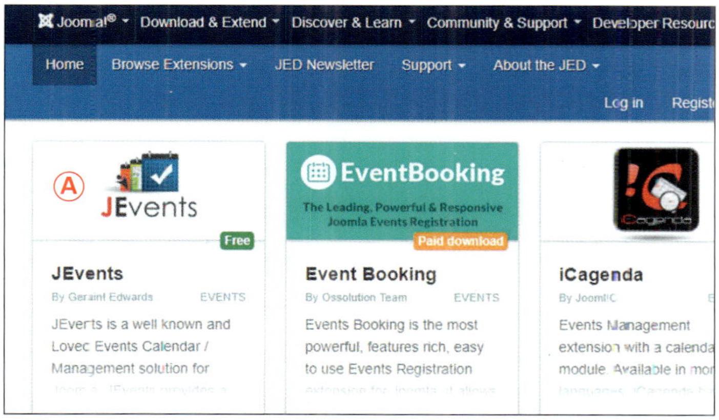

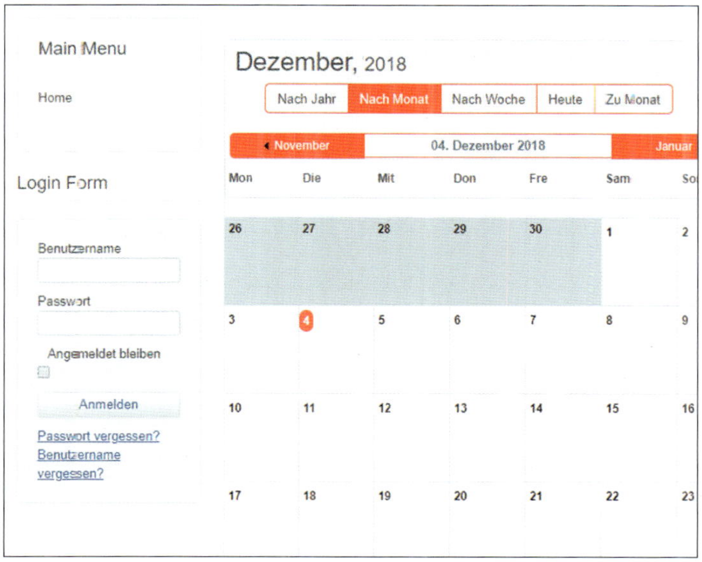

2.15 Umzug auf einen Webserver mit Akeeba Backup

Nachdem Sie Ihr Content-Management-System in der lokalen Entwicklungsumgebung erstellt haben, müssen Sie als letzten Schritt jetzt noch auf einen *echten* Webserver umziehen, damit der Zugriff über das Internet auf Ihre Seite erfolgen kann. Wir machen den Umzug mit der Erweiterung *akeebabackup*.

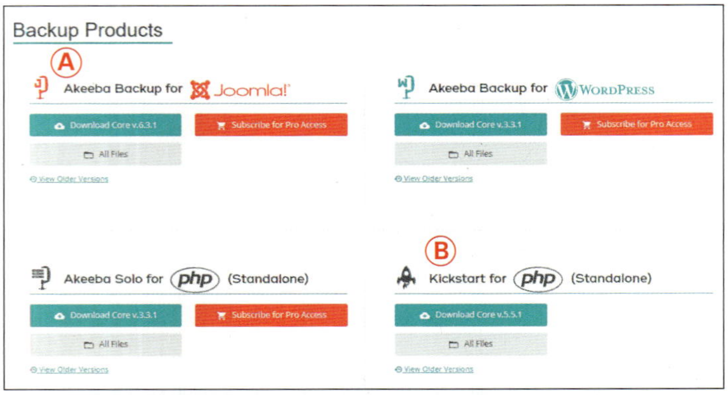

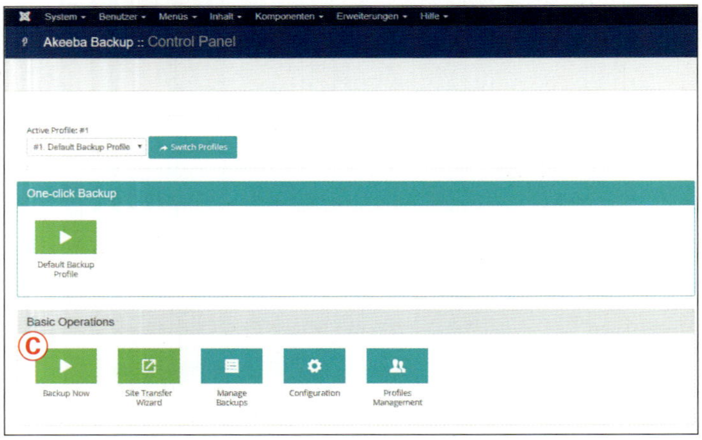

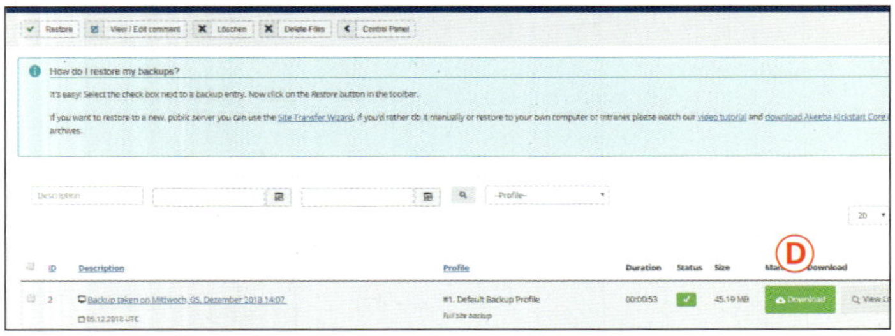

Making of ...

1 Laden Sie von Akeeba Backup, www.akeebabackup.com, *Akeeba Backup for Joomla!* **A** und *Kickstart for php* **B** auf Ihren Computer herunter.

2 Installieren Sie das Akeeba-Backup-Paket im Backend mit Menü *Erweiterungen > Verwalten > Installieren*.

3 Öffnen Sie die Komponente Akeeba Backup unter Menü *Komponenten > Akeeba Backup*.

4 Starten Sie den Backup **C**.

5 Laden Sie die Backup-Datei auf Ihren Computer **D**.

6 Entpacken Sie das Kickstart-Paket.

7 Laden Sie die Backup-Datei **.jpa* und die Datei *kickstart.php* per FTP auf den neuen Server.

8 Öffnen Sie die Datei *kickstart.php* im Browser (URL/kickstart.php). Folgen Sie dem Wiederherstellungsdialog. In dessen Verlauf müssen Sie die Zugangsdaten der Datenbank eingeben.

9 Testen Sie den erfolgreichen Umzug, indem Sie die URL in den Browser eingeben.

2.16 Aufgaben

1 CMS kennen

Für was steht die Abkürzung CMS?

2 Vorteile von Content-Management-Systemen kennen

Nennen Sie 5 Gründe, die für den Einsatz eines Content-Management-Systems sprechen.

1.

2.

3.

4.

5.

3 Arbeitweise eines Content-Management-Systems beschreiben

Beschreiben Sie die prinzipielle Arbeitsweise eines Content-Management-Systems.

4 ECM kennen

Welche Bedeutung hat die Abkürzung ECM?

5 Content Lifecycle Management verstehen

Was versteht man unter Content Lifecycle Management?

6 Beiträge verwalten

Wo werden die Beiträge, die mit dem Content-Management-System verwaltet und publiziert werden, gespeichert?

7 Templates erläutern

Was versteht man in Content-Management-Systemen unter Templates?

8 Templates und CSS bearbeiten

Welche Rolle spielen CSS-Dateien im Zusammenhang mit Templates?

9 Entwicklungsumgebung erläutern

Was versteht man unter einer lokalen Entwicklungsumgebung?

10 Lokale Entwicklungsumgebung kennen

Welche Bedeutung haben die Buchstaben im Akronym XAMPP?

X

A

M

P

P

11 Nutzerverwaltung organisieren

Warum gibt es im Content-Management-System eine Nutzerverwaltung?

12 Nutzerverwaltung kennen

Welche Bedeutung hat die Option *Benutzer sperren* im Backend?

13 Nutzergruppen kennen

Welche Bedeutung haben Gruppen in der Nutzerverwaltung eines CMS?

14 Zugriffsebenen festlegen

Worin unterscheiden sich die folgenden Zugriffsebenen:
a. Öffentlich
b. Registriert

a.

b.

15 Die Funktion von Erweiterungen in einem CMS kennen

Welche Funktion haben Erweiterungen in einem CMS?

16 Menüarten unterscheiden

Was ist ein Breadcrumb-Menü?

17 Sitestruktur erstellen

Nennen Sie 4 bestimmende Aspekte bei der Konzeption und Gestaltung einer Website.

1.

2.

3.

4.

3.1 App-Typen

Apps, die Kurzform für Applications (dt. Anwendung), sind speziell für den Einsatz auf mobilen Endgeräten konzipiert. Im Gegensatz zur herkömmlichen Computersoftware, die in ihrem Funktionsumfang immer komplexer wird, haben Apps einen auf einen bestimmten Verwendungszweck hin optimierten Funktionsumfang. Dazu nutzen sie die Hardwareschnittstellen wie z. B. die Kamera und die Sensoren des Smartphones oder Tablets.

3.1.1 Native Apps

Native Apps sind für eine bestimmte Plattform und das jeweiligen Betriebssystem entwickelt. Die Programmiersprache und die Entwicklungsumgebung, in der Sie native Apps erstellen, unterscheiden sich ebenfalls je nach Plattform. Apps für Android erstellen Sie in Java mit der Android IDE, für iOS in Objective-C oder Swift mit Xcode.

Die Distribution nativer Apps erfolgt über den Store der jeweiligen Plattform. Die Apps für Android-Smartphones gibt es unter https://play.google.com/store in Google Play, die Apps für Apple iOS unter https://itunes.apple.com/de im AppStore. Natürlich können Sie die Apps, z. B. mit der AppStore-App, auch direkt auf Ihr Smartphone laden und dort installieren. Apps, die im Apple AppStore und dem Google Play Store angeboten werden, sind vor der Veröffentlichung von Apple bzw. Google nach strengen Firmenvor-

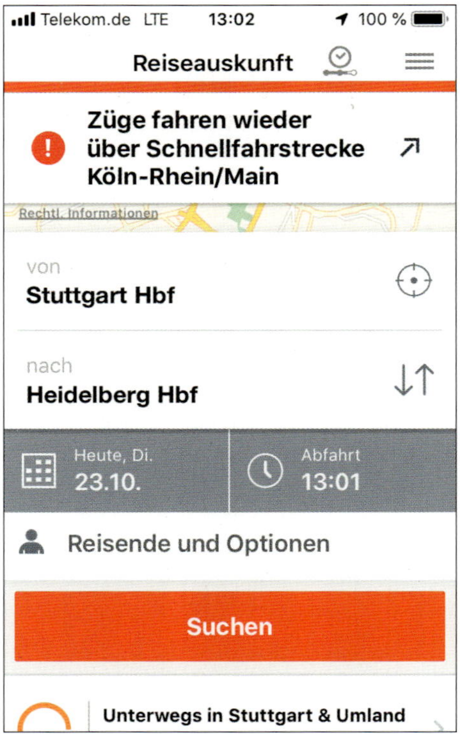

Native App

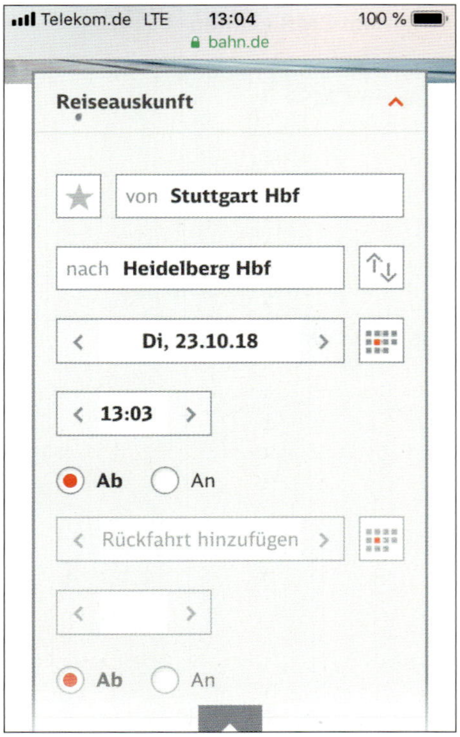

Web-App

P. Bühler et al., *Digital Publishing*, Bibliothek der Mediengestaltung, https://doi.org/10.1007/978-3-662-55391-6_3

gaben überprüft worden. Android-Apps können Sie auch direkt ohne den Play Store auf dem Smartphone oder Tablet installieren.

Vorteile nativer Apps sind die optimale Anpassung an die Hardware und die optimale Gestaltung des Look and Feel der jeweiligen Plattform. Die größten Nachteile nativer Apps sind der große Entwicklungsaufwand und die spezifische Programmierung für jede Plattform.

3.1.2 Web-Apps

Web-Apps sind Anwendungen, die mit den gängigen Webtechnologien, HTML5, CSS3 und JavaScript, entwickelt werden. Sie werden nicht auf dem Smartphone oder Tablet installiert, sondern laufen dort im Browser. Dies setzt, zumindest beim App-Start, eine Internetverbindung voraus. Web-Apps werden nicht über einen Store vertrieben, sondern vom Webserver des App-Anbieters heruntergeladen. Damit unterliegen Web-Apps nicht der Kontrolle des Store-Betreibers.

Ein Vorteil von Web-Apps ist ihre einfache und plattformübergreifende Entwicklung. Auch ein Update ist leicht, da die Nutzer beim Aufruf der App immer die aktuelle Version vom Webserver herunterladen. Ein großer Nachteil von Web-Apps ist der nur sehr eingeschränkt mögliche Zugriff auf die Hardware des Smartphones oder Tablets.

3.1.3 Hybrid-Apps

Hybrid-Apps werden wie Web-Apps mit Internettechnologien entwickelt und dann mit einem Framework wie z. B. PhoneGap für die verschiedenen Plattformen in einen nativen Wrapper eingebettet. Dies ermöglicht die plattformunabhängige Entwicklung einer App. Sie müssen also nicht wie bei nativen Apps für jede Plattform eine eigene App programmieren.

Hybrid-Apps werden wie native Apps über die Stores der verschiedenen Plattformen vertrieben und nach dem Download auf dem Smartphone oder Tablet installiert. Durch die plattformspezifische Kompilierung haben Hybrid-Apps über das API, Application Programming Interface, Zugriff auf die Ressourcen des mobilen Endgerätes wie Kamera und Mikrofon oder Adressbuch.

Für die verschiedenen Plattformen sind in Styleguides die jeweiligen Gestaltungsvorgaben definiert. Durch die plattformunabhängige Entwicklung mit HTML5, CSS3 und JavaScript ist es natürlich nicht möglich, darauf detailliert Rücksicht zu nehmen. Sie müssen also entweder ein eigens neutrales Design umsetzen oder Sie erstellen jeweils mit einem eigenen CSS eine Hybrid-App für die verschiedenen Zielplattformen.

iOS Human Interface Guidelines
https://developer.apple.com/library/ios/documentation/userexperience/conceptual/mobilehig/index.html

3.2 Entwicklungsumgebungen

Für die Entwicklung von Apps für die verschiedenen Plattformen brauchen Sie die jeweiligen Entwicklungsumgebungen. So können Sie native iOS-Apps nur auf einem Mac mit dem Entwicklungstool *Xcode* entwickeln.

Auch für die Erstellung von Hybrid-Apps empfiehlt es sich, mit einer Entwicklungsumgebung zu arbeiten. Dabei ist es grundsätzlich egal, mit welchem System Sie arbeiten. Sie entwickeln die App auf einem Mac für iOS und konvertieren diese App dann als Hybrid-App für iOS, Android und Windows Phone. Oder Sie entwickeln auf einem Mac oder PC eine Android-App und wandeln diese dann auch in eine Hybrid-App für alle Plattformen um. Wir möchten Ihnen im Folgenden beide Wege vorstellen

3.2.1 Xcode

Das Entwicklungstool für iOS heißt *Xcode*. Sie können es von der Apple-Entwicklersite unter https://developer.apple.com/Xcode oder aus dem App-Store herunterladen und auf Ihrem Mac installieren. *Xcode* ist kostenlos. Die Registrierung als Entwickler kostet 99 $ im Jahr (Dezember 2018).

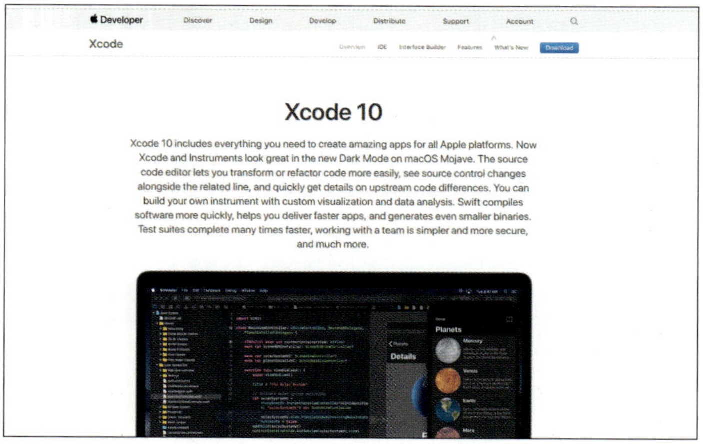

Apple Xcode
https://developer.apple.com/Xcode

3.2.2 Android IDE

Android Studio
Seit 2014 ist das *Android Studio* die integrierte Entwicklungsumgebung (IDE, Integrated Development Enviroment) von Google und somit die offizielle Entwicklungsumgebung für Android. Sie können das Android Studio kostenlos von https://developer.android.com/studio für Windows, macOS und Linux herunterladen.
Das *Android SDK*, Software Development Kit, ist im Android Studio integriert.

Um das *Android Studio* nutzen zu können, muss das *Java Development Kit* (JDK) auf Ihrem Computer installiert sein.

Java Development Kit, JDK
Als Basis Ihrer Entwicklungsumgebung müssen Sie als Erstes das *Java Development Kit, JDK*, von der Oracle-Website unter https://www.oracle.com/technetwork/java für das Betriebssystem Ihres Computers herunterladen und installieren. Das *JDK* wird für macOS, Windows und Linux angeboten.

App Inventor
App Inventor ist eine Entwicklungsumgebung zur Programmierung von Anwendungen für Android, http://appinventor.mit.edu. Die IDE wurde ursprünglich von Google entwickelt und wird seit 2012 als MIT App Inventor vom Massachusetts Institute of Technology, MIT, weiterentwickelt.

Der Block-Editor ermöglicht die Erstellung nativer Android-Apps per Drag and Drop. Basis ist die OpenBlocks-

Java-Bibliothek zur Erstellung von Computeranwendungen mit grafisch-basierten Programmiersprachen.

3.2.3 PhoneGap

PhoneGap
PhoneGap, https://phonegap.com, ist ein Entwicklungsframework zur Programmierung plattformübergreifender Hybrid-Apps. Die Entwicklung erfolgt mit HTML5, CSS3 und JavaScript. *PhoneGap* wurde 2008 von der Firma Nitobi entwickelt und 2011 von Adobe übernommen. Das Framework ist nach wie vor ein Open-Source-Projekt. Der PhoneGap-Code wird von der Apache Software Foundation unter dem Namen *Cordova*, https://cordova.apache.org, bereitgestellt. Deshalb werden die Namen *PhoneGap* und *Cordova* häufig synonym verwendet.

Node.js
Seit der Version 3.0 wird *PhoneGap* und *Cordova* über das *Command-line Interface*, CLI, installiert und verwaltet. Sie müssen deshalb, bevor Sie auf dem Mac das Terminalprogramm (*Programme > Dienstprogramme > Terminal.app*) starten oder unter Windows das *CMD-Fenster* öffnen, noch das JavaScript-Framework *Node.js* installieren. Laden Sie es von www.nodejs.org herunter und installieren Sie es auf Ihrem Computer im Programmordner.

PhoneGap Build
PhoneGap Build, https://build.phonegap.com, ist ein PhoneGap Online-Dienst, um aus Dateien mit HTML5, CSS3 und JS Hybrid-Apps zu erzeugen. Sie sind damit unabhängig vom Betriebssystem Ihres Computers oder einer spezifischen Entwicklungsplattform.

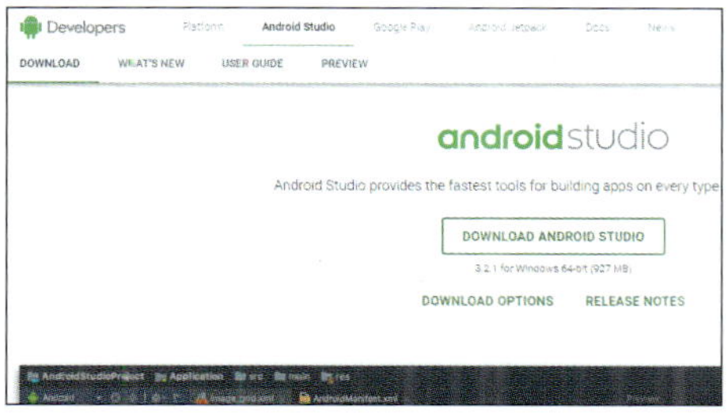

Android Studio
https://developer.android.com/studio

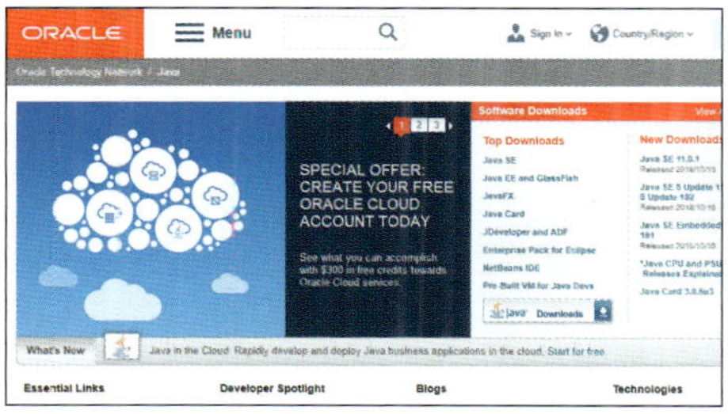

Java Development Kit, JDK
https://www.oracle.com/technetwork/java

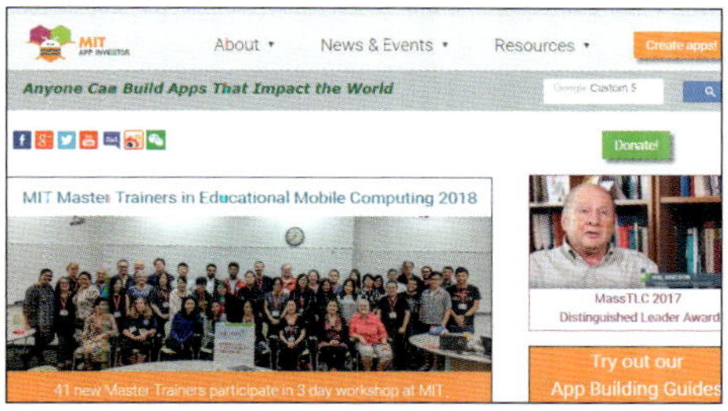

App Inventor
http://appinventor.mit.edu

Node.js
www.nodejs.org

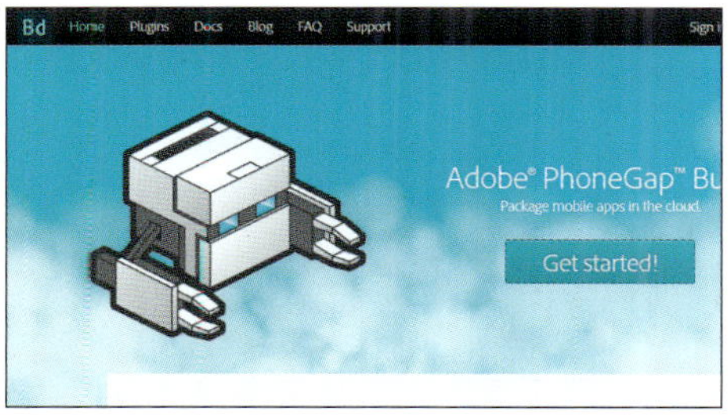

PhoneGap Build
https://build.phonegap.com/

3.3 App-Erstellung mit App Inventor

3.3.1 App Inventor offline und online

Offline – Making of ...

Offline arbeiten Sie mit der portablen Version *App Inventor 2 Ultimate* (AI2U). Sie brauchen dazu kein Google-Konto.

1 Laden Sie von der Seite https://sourceforge.net die für Ihr System passende Version **A** auf Ihren Computer.

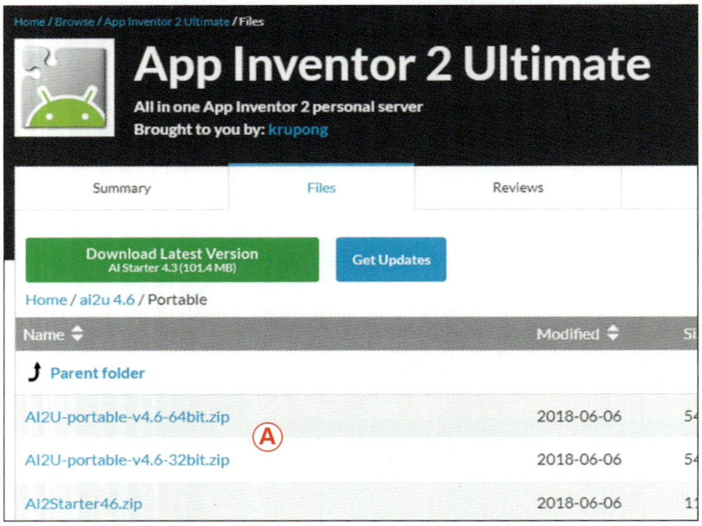

2 Entpacken Sie das ZIP-Archiv.

3 Starten Sie *AI2U.exe* **B**.

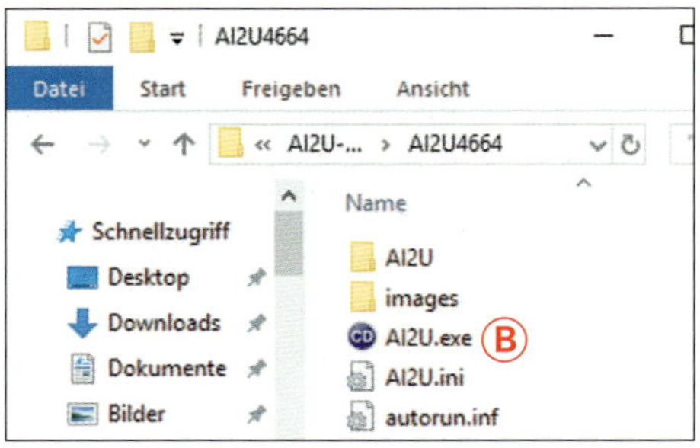

4 Klicken Sie zunächst auf *All AI2U Server* **C**.

5 Im zweiten Schritt starten Sie den App Inventor mit *Start Invent* **D**.

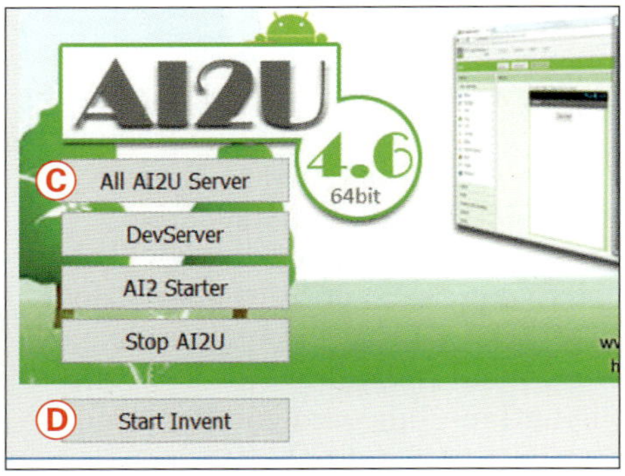

6 Im Browser öffnet sich der Login. Klicken Sie auf *Click Here to use your Google Account to login* **E**.

7 Im nächsten Schritt können Sie auch eine beliebige Adresse **F** eingeben, da die Anmeldung nur lokal auf *localhost* erfolgt. Schließen Sie die Anmeldung mit *Log In* **G** ab.

Online – Making of ...

Zur Online-Erstellung einer App benötigen Sie zur Anmeldung ein Google-Konto.

1 Öffnen Sie den App Inventor in Ihrem Browser. Verwenden Sie Google Chrome oder Firefox.

2 Starten Sie den Online-App-Inventor mit *Create apps* **A**.

3 Melden Sie sich mit Ihrem Google Account an.

4 Nach erfolgreicher Anmeldung öffnet sich im Browser die Benutzeroberfläche.

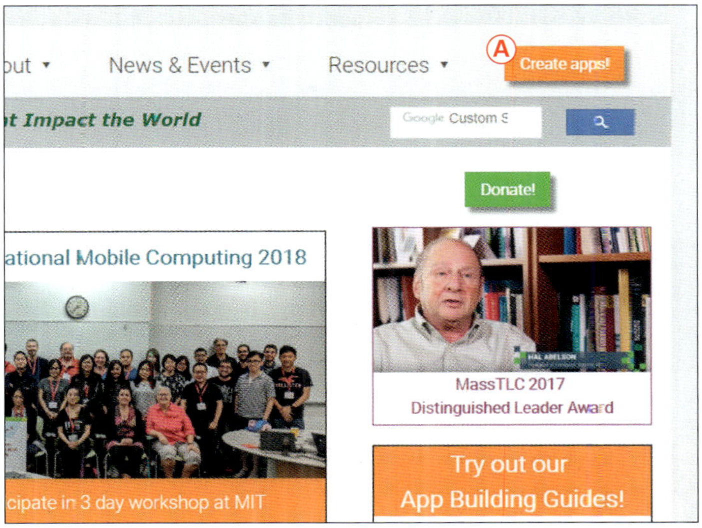

3.3.2 Neues Projekt

Erstes Projekt – Making of ...

1 Nach der Installation bzw. dem Start des *App Inventors* im Browser beginnen Sie ein neues Projekt mit *Start new project* **B**.

2 Geben Sie den Projektnamen ein **C**.

3 Bestätigen Sie die Eingabe mit *OK* **D**. Das Projektfenster wird automatisch geöffnet. Der Projektname steht links oben.

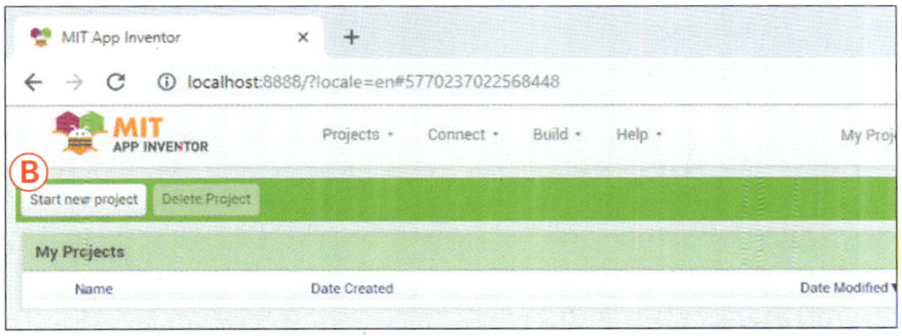

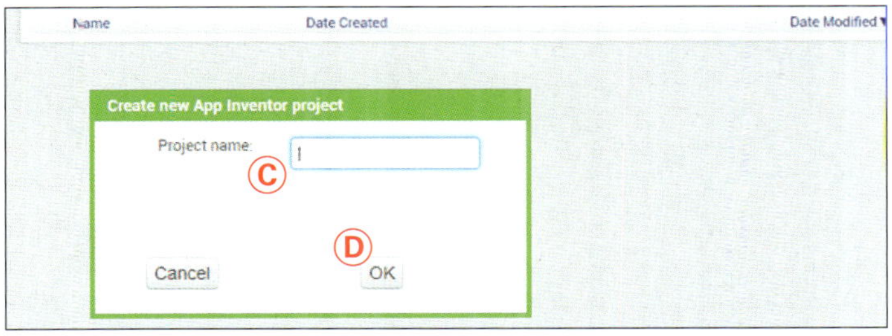

Folgeprojekt – Making of ...

1 Starten Sie den App Inventor.

2 Beginnen Sie ein neues Projekt mit *Projects > Start new project* **E**.

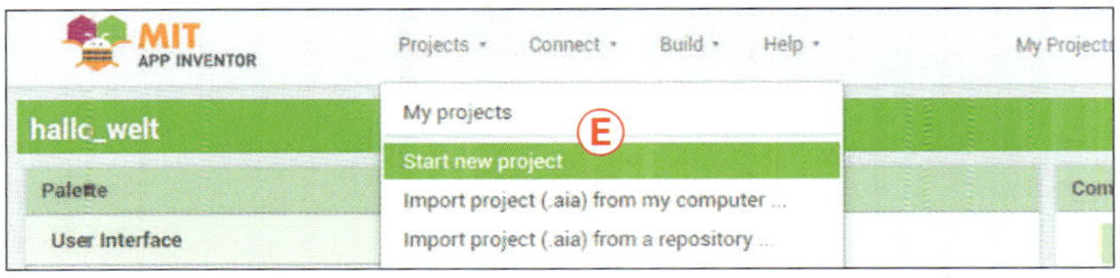

3.3.3 Arbeitsfläche

Die Arbeitsfläche ist in 4 Bereiche aufgeteilt. In der Mitte befindet sich der *Viewer* **A**. Der *Viewer* ist ein virtuelles Smartphonedisplay, auf dem Sie die App zusammenstellen. Links sind in der *Palette* **B** die verschiedenen Steuerelemente angeordnet. Sie werden per Drag and Drop im *Viewer* platziert. Auf der rechten Seite der Arbeitsfläche befinden sich die beiden Fenster Components **C** und *Properties* **D**. In den *Components* werden alle Elemente, die im Viewer platziert sind, aufgelistet. Zur Auswahl klicken Sie das jeweilige Element an. Nach der Auswahl können Sie in den Properties die Eigenschaften des Steuerelements bestimmen.

Über dem Fenster *Properties* befinden sich die Buttons *Designer* **E** und *Blocks* **F**. In der Designer-Ansicht regeln Sie das Aussehen der App. Im Block-Editor programmieren Sie das Verhalten der im *Viewer* platzierten Steuerelemente.

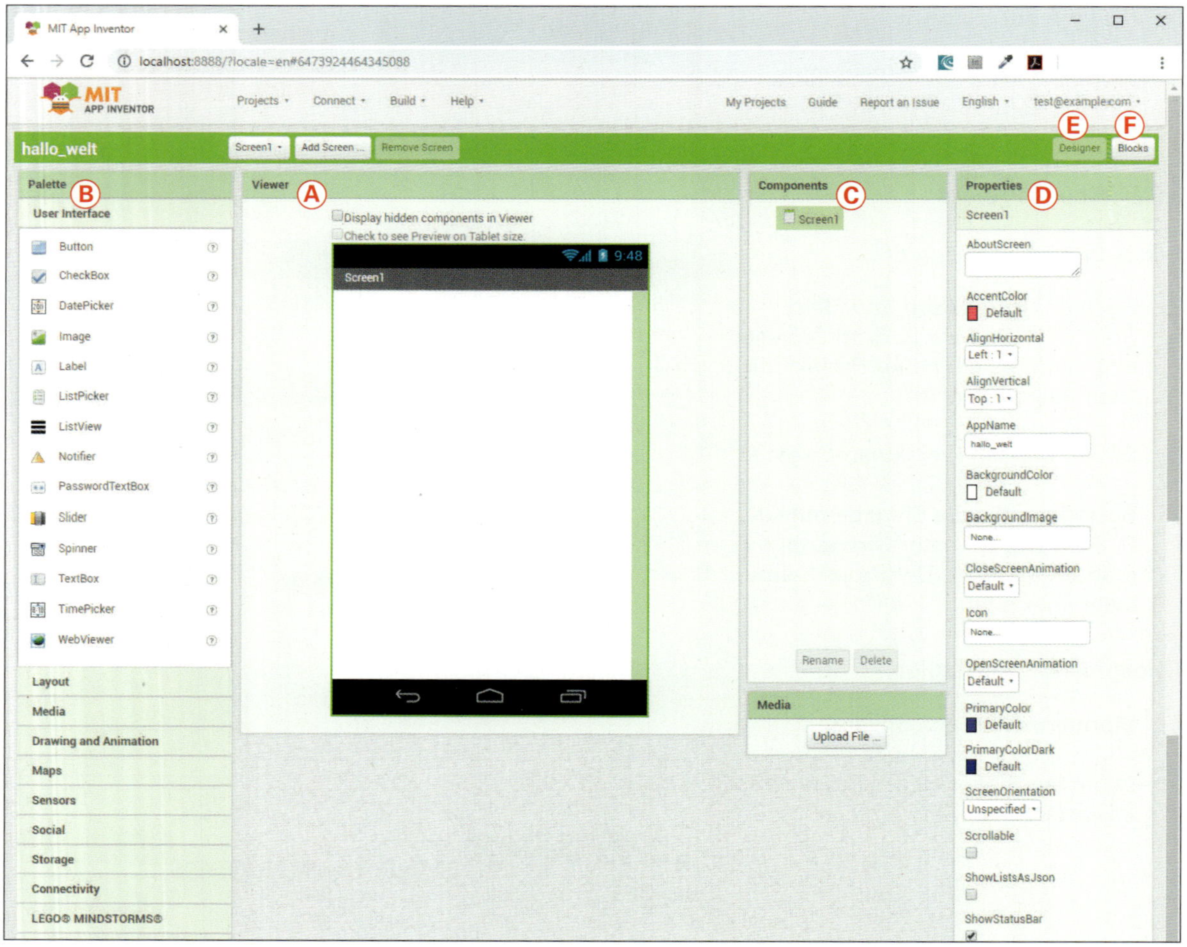

3.3.4 Erste App – Hallo Welt!

Unsere erste App hat als Inhalt nur den Programmierklassiker: Hallo Welt!

Making of ...

1 Starten Sie den App Inventor.

2 Legen Sie ein neues Projekt unter Menü *Projects > Start new project* an.

3 Nennen Sie das Projekt *hallo_welt*.

4 Ziehen Sie per Drag and Drop ein Steuerelement *Label* **A** in den Viewer.

5 Legen Sie in den *Properties* **B** das Aussehen und den Text fest:
- BackgroundColor: *Orange*
- FontSize: 32.0
- Height: Fill parent...
- Width: *Fill parent...*
- Text: *Hallo Welt!*
- TextAlignment: *center: 1*

6 Speichern Sie die App unter Menü *Projects > Save project*.

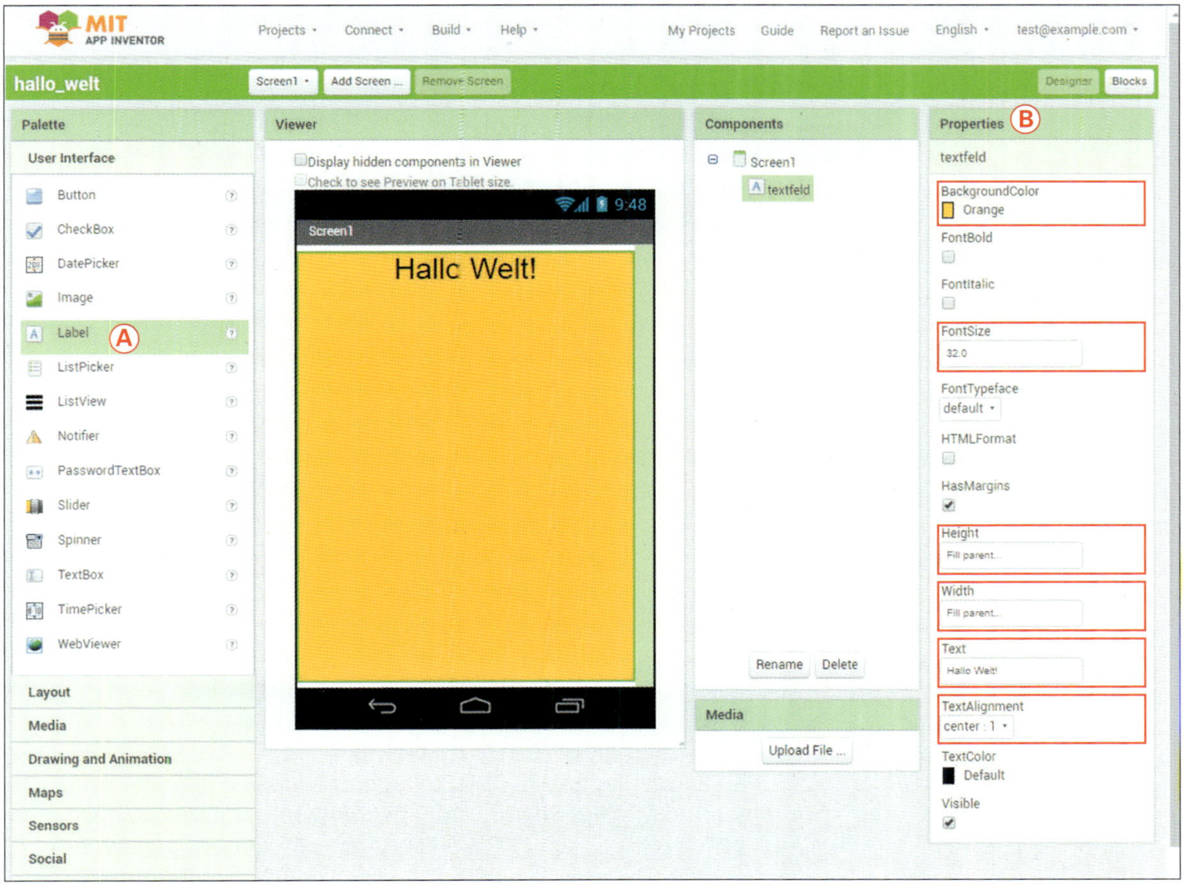

3.3.5 Vorschau im App Inventor und auf Smartphone oder Tablet

Im Viewer haben Sie eine erste Vorschau der App. Um aber nicht nur die Darstellung, sondern auch die Funktion der App testen zu können, müssen Sie eine Verbindung zu einem Gerät aufbauen. Dazu bietet der App Inventor drei Verbindungsoptionen.

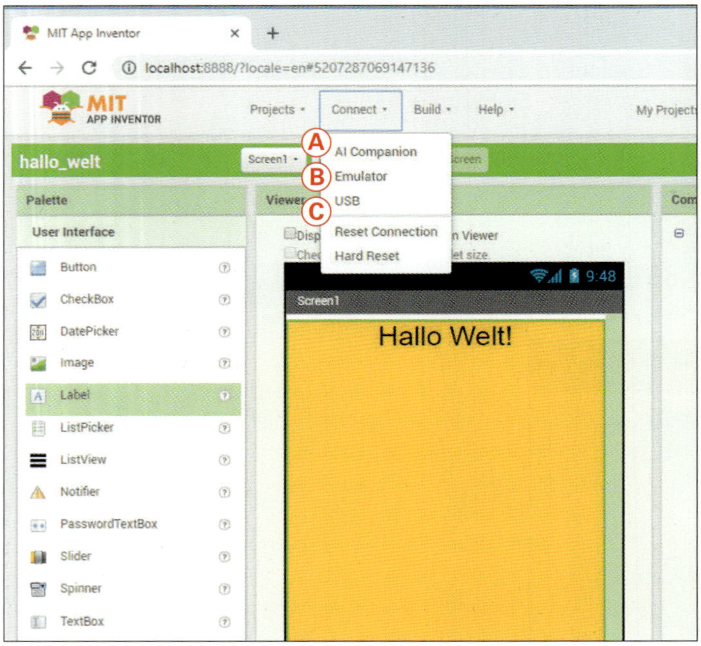

AI Companion A
Mit der App AI Companion können Sie Ihre App direkt auf einem Android-Smartphone oder -Tablet testen. Dazu müssen Sie die kostenlose App *MIT AI2 Companion* aus dem Google Play Store auf Ihrem Gerät installieren. Die Verbindung zum Computer erfolgt über USB oder Netzwerk. Voraussetzung ist dabei, dass sich Computer und Mobilgerät im selben Netzwerk befinden.

Making of ...

1 Starten Sie auf dem Smartphone oder Tablet die App *MIT AI2 Companion* und folgen Sie dem Verbindungsdialog.

2 Wählen Sie Verbindung *AI Companion*. Geben Sie im Eingabedialog von Companion den Code ein oder scannen Sie den QR-Code. Die Verbindung wird aufgabaut.

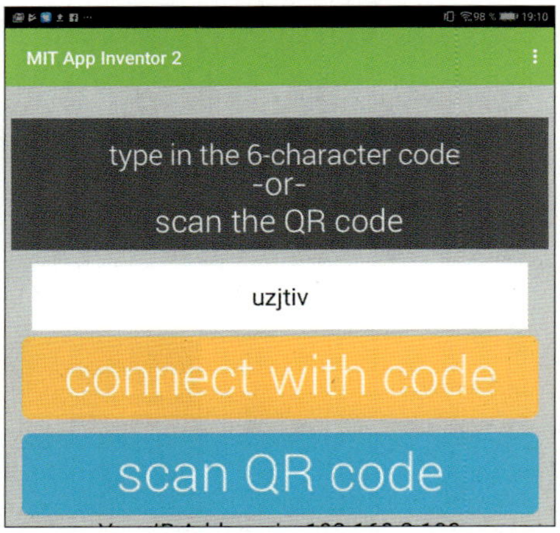

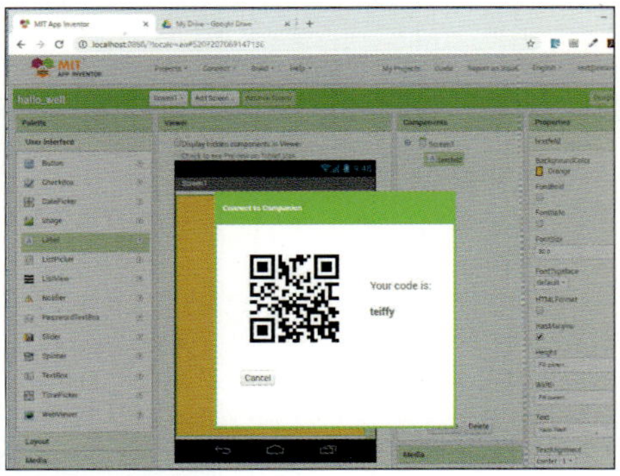

Emulator B
Die Option Emulator zeigt die App in einem emulierten Smartphone auf dem Computer. Leider lassen sich im Emulator verschiedene Smartphone- oder

Tabletsensoren, z. B. der Beschleunigungssensor, nicht testen.

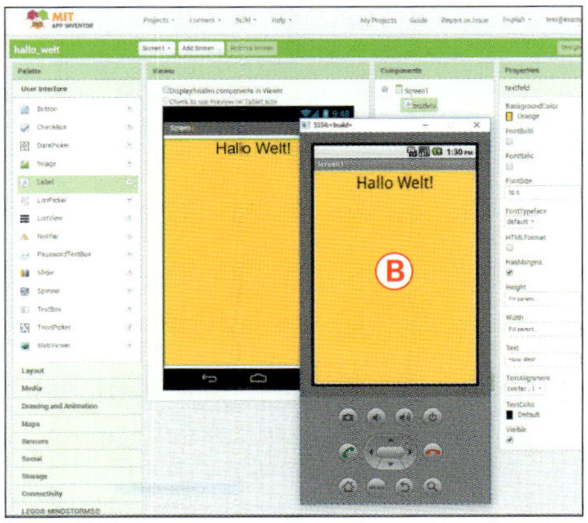

USB C
Mit einer USB-Verbindung können Sie die App auch ohne Codeeingabe direkt auf Ihrem mobilen Endgerät testen.

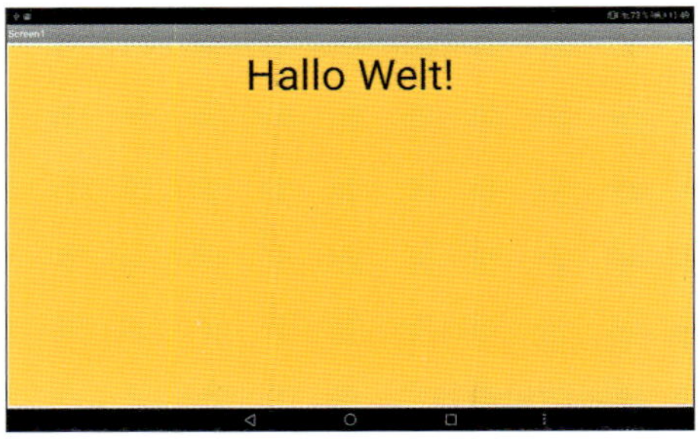

3.3.6 Rechnen-App

Beschreibung
Titel und Beschreibung der Arbeitsweise stehen im oberen Bereich des Screens. Zwei Zahlen werden in zwei Feldern eingegeben. Mittels einer Auswahlliste wird eine *Grundrechenart* ausgewählt. Durch Tippen auf den *Berechnen*-Button wird die entsprechende Berechnung ausgeführt und das Ergebnis angezeigt. Mit einem *Löschen*-Button werden die Eingabefelder und die Ausgabe zur erneuten Eingabe und Berechnung zurückgesetzt.

Sie arbeiten mit ...

- Layoutstrukturelementen,
- Variablen,
- Kontrollstrukturen,
- mathematischen Operatoren,
- logischen Operatoren,
- Textfeldern,
- Buttons und
- Blockelementen zur Programmierung.

Neues Projekt – Making of ...

1 Starten Sie mit Menü *Projects > Start new project* ein neues App-Projekt.

2 Nennen Sie das Projekt „rechnen_app".

Layout und Components – Making of ...

3 Positionieren und Konfigurieren Sie die Steuerungselemente **A** im Viewer **B**.

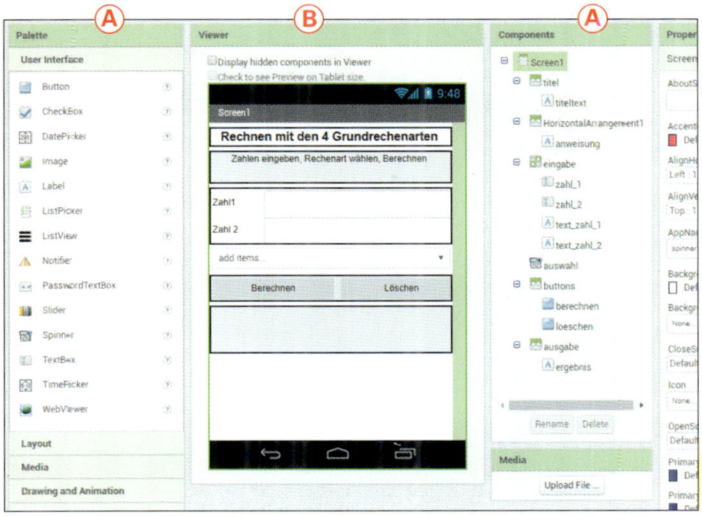

Verhalten – Making of ...

4 Definieren Sie das Verhalten der Steuerungselemente im Funktionsbereich *Blocks* **A**. Klicken Sie das Element im Fenster *Blocks* **B** an und wählen Sie dann unter *Built-in* **C** die Funktion.

5 Legen Sie das Verhalten des Buttons *berechnen* **D** fest.
- Funktion: *when Click*: Der Button wird angeklickt bzw. angetippt.
- Verhalten: Der Inhalt der Variablen *global e* wird als Text dem Label *ergebnis* zugewiesen.

6 Legen Sie das Verhalten des Buttons *loeschen* **E** fest
- Funktion: *when Click*: Der Button wird angeklickt bzw. angetippt.
- Verhalten:
  - Dem Textfeld zahl_1 wird ein leerer Text-String zugewiesen.
  - Dem Textfeld *zahl_2* wird ein leerer Text-String zugewiesen.
  - Dem Label *ergebnis* wird ein leerer Text-String zugewiesen.

7 Legen Sie das Verhalten des Spinners *auswahl* **F** fest.
- Der Spinner ist der Mantel für die logischen und rechnerischen Operationen.
- Der erste Bereich beschreibt die beiden Textboxen als Eingabefenster und damit verbunden die Variablenzuweisung der eingegebenen Zahlen.
- Der zweite Bereich **G** umfasst die Abfrage der Rechenart. Die Auswahl wird der Variablen

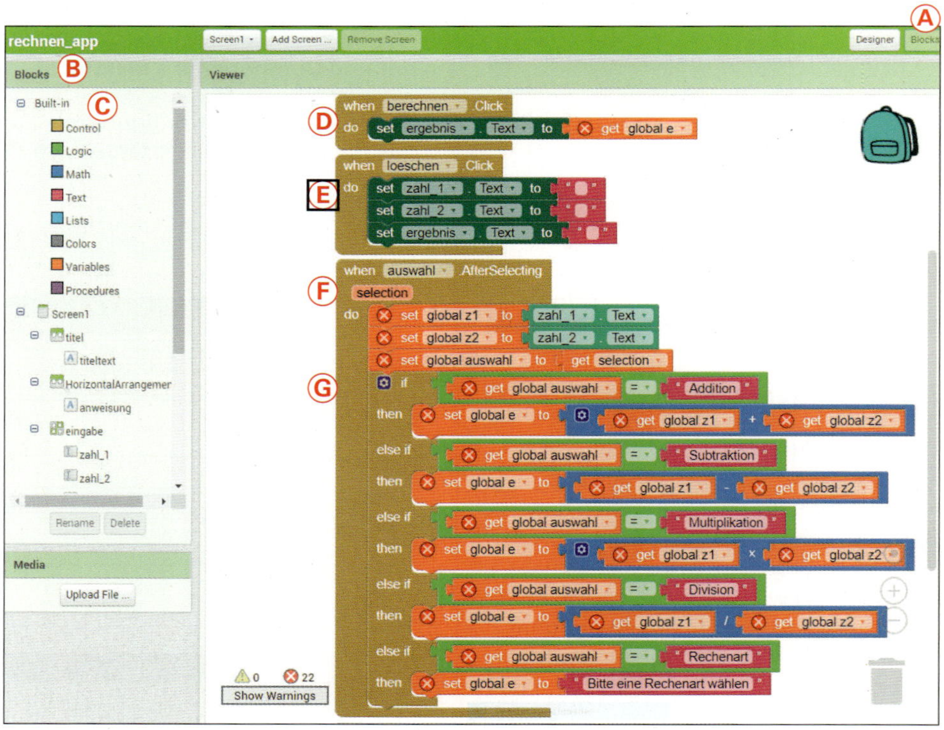

global auswahl zugewiesen. Je nach Abfrageergebnis erfolgt die Berechnung und Zuweisung des Ergebnisses an die Variable *global e*.

Mögliche Erweiterungen

- Validierung der Eingabefelder:
  - Ist das Feld leer?
  - Wurde eine Zahl eingegeben?
- Optimierung des Designs
- Eingabe mittels Zahlentasten

3.3.7 Zeichnen-App

Beschreibung

Titel und Beschreibung der Arbeitsweise stehen im oberen Bereich des Screens. Auf einer zentralen Zeichenfläche zeichnen Sie frei mit dem Finger oder einem Eingabestift. Im unteren Bereich sind vier Buttons zur Auswahl der Zeichenfarbe: Rot, Grün, Blau und Schwarz. Die Strichstärke stellen Sie mit einem Schieberegler ein. Mit einem Löschen-Button löschen Sie die Grafik.

Sie arbeiten mit ...

- Layoutstrukturelementen,
- Variablen,
- Kontrollstrukturen,
- Textfeldern,
- Buttons und
- Blockelementen zur Programmierung.

Neues Projekt – Making of ...

1 Starten Sie mit Menü *Projects > Start new project* ein neues App-Projekt.

2 Nennen Sie das Projekt „zeichnen_app".

Layout und Components – Making of ...

3 Positionieren und Konfigurieren Sie die Steuerungselemente **A** im Viewer **B**.

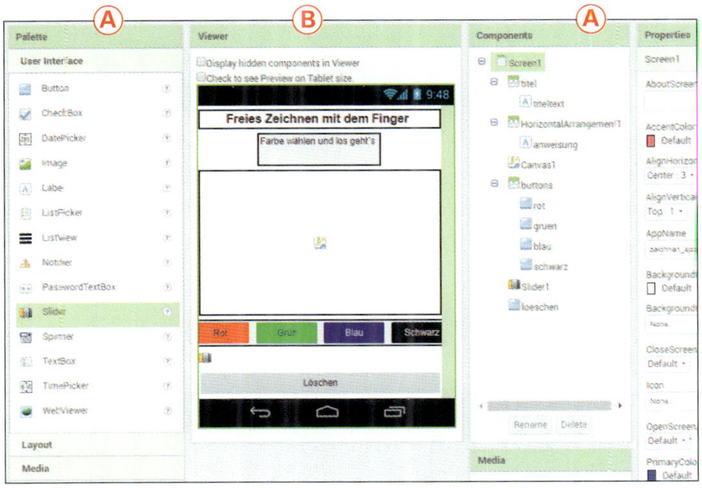

Verhalten – Making of ...

4 Definieren Sie das Verhalten der Steuerungselemente im Funktionsbereich *Blocks* **A**. Klicken Sie das Element im Fenster *Blocks* **B** an und wählen Sie dann unter *Built-in* **C** die Funktion.

5 Legen Sie das Verhalten der Zeichenfläche Canvas1 fest.

- Funktion: *when Canvas1.TouchDown do* **D**: Ihr Finger oder Eingabestift berührt die Zeichenfläche.
- Verhalten:
  - *call Canvas1.DrawPoint* **E**: *x* und *y* erfassen die Position des Fingers oder Eingabestifts auf der Zeichenfläche.
  - *set Canvas1.LineWidth* **F** legt die Dicke des Zeichenstifts entsprechend dem Zahlenwert der Variablen *global stift* fest.
- Funktion: *when Canvas1.Dragged* **G**: Sie ziehen den Finger oder Eingabestift über die Zeichenfläche.
- Verhalten: *call Canvas1.DrawLine* **H**: *x1* und *y1* sind die Anfangspunkte, *x2* und *y2* sind die Endpunkte der Linie.

6 Legen Sie das Verhalten der Farbauswahlbutton **I** fest.

- Funktion: *when Click*: Der Button wird angeklickt bzw. angetippt.
- Verhalten: Dem Zeichenstift wird ein Farbe zugewiesen.

7 Legen Sie das Verhalten des Schiebereglers *Slider1* **J** fest.

- Funktion: *when Slider1.Positi-*

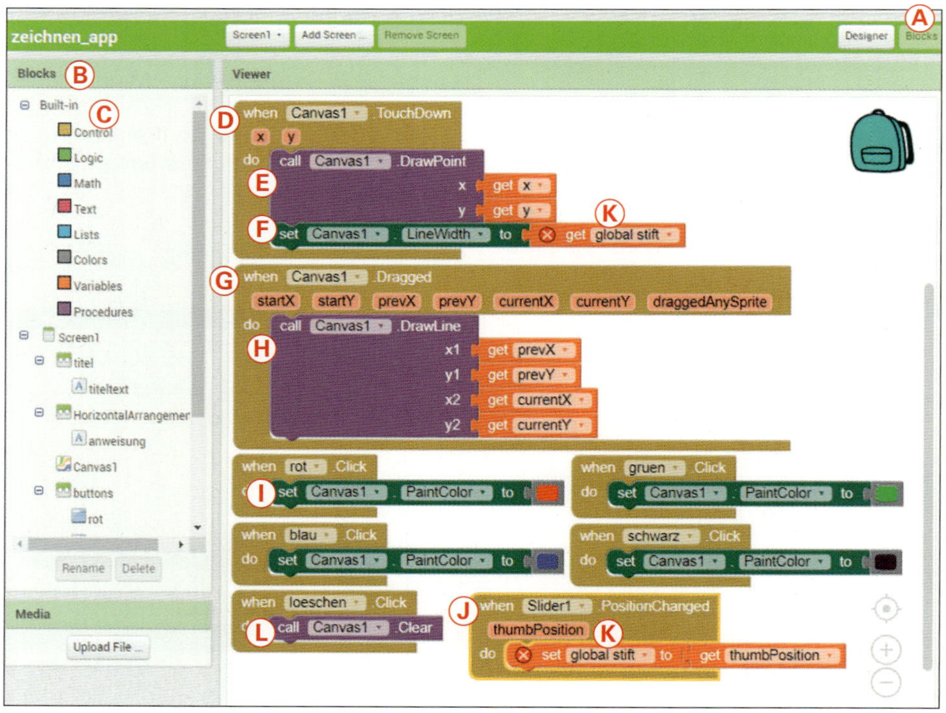

onChanged: Der Button wird angeklickt bzw. angetippt.
- Verhalten: Die Position des Reglers wird der Variablen *global stift* **K** zugewiesen. Den Anfangs- und Endwert legen Sie in den *Properties* des *Designers* fest.

8 Legen Sie das Verhalten des Buttons *loeschen* **L** fest.
- Funktion: *when Click*: Der Button wird angeklickt bzw. angetippt.
- Verhalten: *call Canvas1.Clear* löscht die Zeichenfläche.

Mögliche Erweiterungen ...
- Farbauswahl mit Farbpalette
- Geometrische Formen, z. B. Kreise

3.3.8 Würfel-App

Beschreibung

Eine durch die Bewegung des Geräts zufällig erzeugte Zahl zwischen 1 und 6 wird angezeigt. Mit dem Löschen-Button wird die Ausgabe zurückgesetzt und statt der Zahl erneut die Aufforderung, das Gerät zu schütteln, angezeigt.

Sie arbeiten mit ...
- Layoutstrukturelementen,
- Textfeldern,
- Buttons,
- Beschleunigungssensor und
- Blockelementen zur Programmierung.

Neues Projekt – Making of ...

1 Starten Sie mit Menü *Projects > Start new project* ein neues App-Projekt.

Layout und Components – Making of ...

2 Positionieren und Konfigurieren Sie die Steuerungselemente **A** im Viewer **B**.

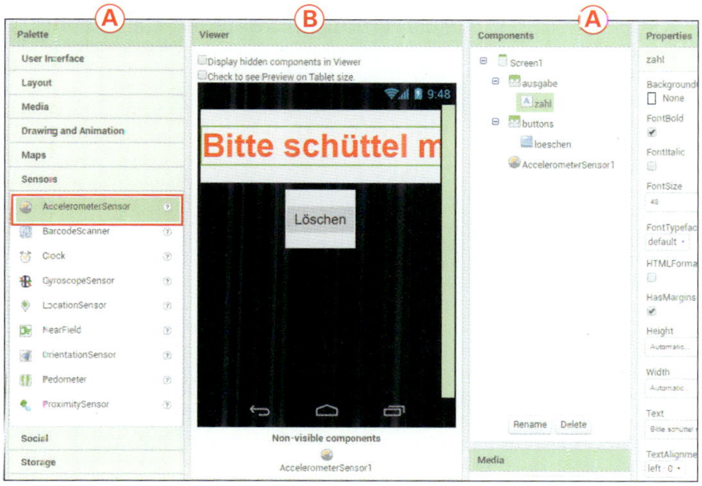

3 Positionieren Sie den Beschleunigungssensor *AccelerometerSensor1* im *Viewer*. Er wird unterhalb der Vorschau als *Non-visible components* angezeigt.

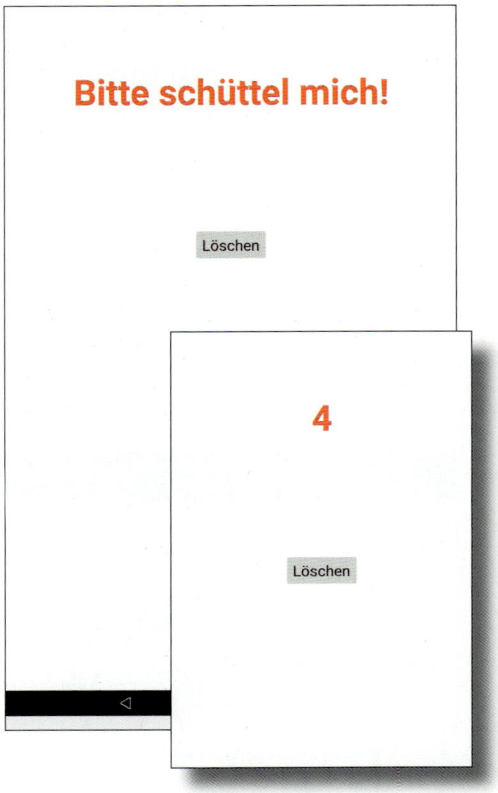

Verhalten – Making of ...

4 Legen Sie das Verhalten des Beschleunigungssensor *AccelerometerSensor1* **A** fest.
- Funktion: *when AccelerometerSensor1.Shaking do*: Das Ereignis wird durch Schütteln des Geräts angestoßen.
- Verhalten: Eine Zufallszahl zwischen 1 und 6 wird als Text-String dem Label *zahl* zugewiesen.

5 Legen Sie das Verhalten des Buttons *loeschen* **B** fest.
- Funktion: *when Click*: Der Button wird angeklickt bzw. angetippt.
- Verhalten: Der Text-String „Bitte schüttel mich!" wird dem Label *zahl* zugewiesen.

Mögliche Erweiterungen ...
- Wahlweise mehrere Zahlen
- Bilder mit Würfelaugen statt Zahlen
- Animation der Bilder

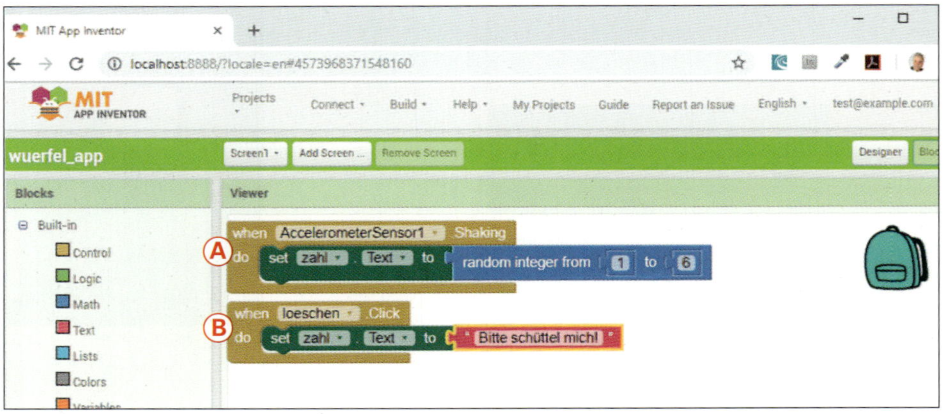

3.3.9 Kamera-App

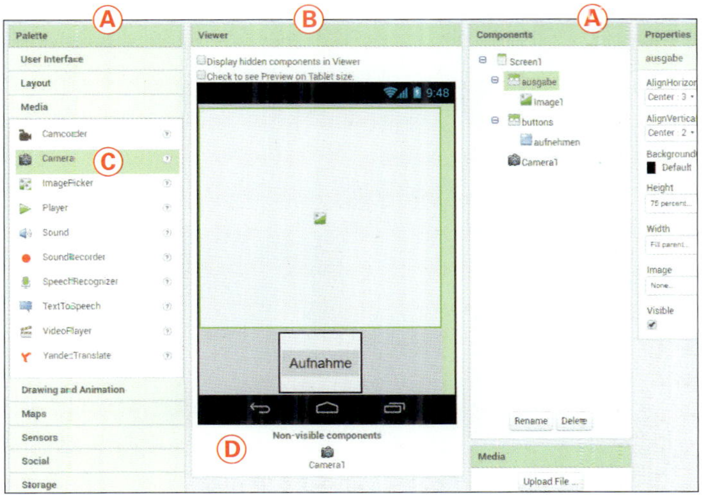

Beschreibung
Die Kamera Ihres Smartphones oder Tablets wird durch ein Button-Ereignis geöffnet. Nach der Aufnahme wird das Bild in der App angezeigt und in der Galerie gespeichert.

Sie arbeiten mit ...

- Layoutstrukturelementen,
- Textfeldern,
- Buttons,
- Kamera und Galerie sowie
- Blockelementen zur Programmierung.

Neues Projekt – Making of ...

1 Starten Sie mit Menü *Projects > Start new project* ein neues App-Projekt.

Layout und Components – Making of ...

2 Positionieren und Konfigurieren Sie die Steuerungselemente **A** im Viewer **B**. Die *Camera* **C** positionieren Sie ebenfalls im *Viewer*. Sie wird als *Non-visible components* **D** angezeigt.

Verhalten – Making of ...

3 Legen Sie das Verhalten der Kamera *Camera1* **E** fest.

- Funktion: *when Camera1.AfterPicture do*: Die Aufnahme wird aus der Variablen *image* als Bildinhalt dem Bildrahmen *Image1* zugewiesen.
- Verhalten: Das Bild wird in der App angezeigt und in der Galerie gespeichert.

4 Legen Sie das Verhalten des Buttons *aufnehmen* **F** fest.

- Funktion: *when Click*:Der Button wird angeklickt bzw. angetippt.
- Verhalten: Die Kamera wird geöffnet. Die eigentliche Aufnahme lösen Sie in der Kamera-App des Gerätes aus. Das Bild wird

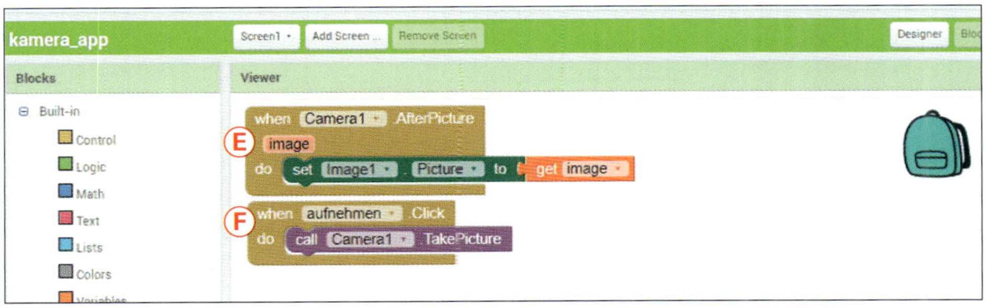

nach der Aufnahme der automatisch erzeugten lokalen Variablen *image* zugewiesen.

Mögliche Erweiterungen ...

- Bild aus der Galerie mit dem Element *ImagePicker* aus der Media-Palette **A** öffnen
- Bild zur weiteren Nutzung in der *TinyDB* aus der Storage-Palette **B** speichern

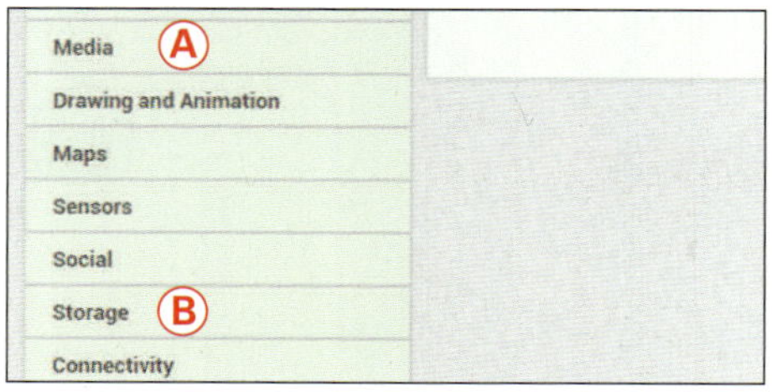

3.3.10 Icon und App-Name

Ihre App braucht noch einen Namen und ein Icon, die auf dem Smartphone oder Tablet angezeigt werden.

Making of ...

1 Wählen Sie im Fenster *Components* den Screen *Screen1* der App aus.

2 Benennen Sie die App **C**.

3 Laden Sie im Fenster *Properties* das Icon im Dateiformat PNG unter der Option Icon mit *Upload File...* **D** in die App hoch.

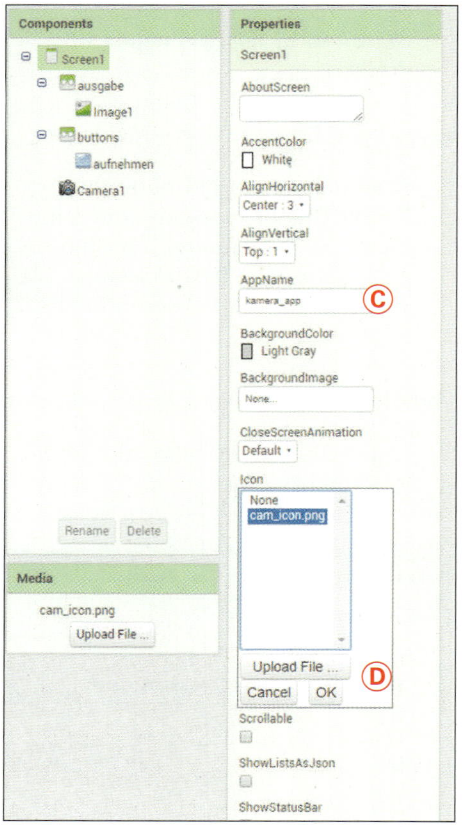

3.4 App-Installation auf Android-Tablet und -Smartphone

3.4.1 App speichern

Um die App auf einem Android-Gerät installieren zu können, muss das Projekt als .apk-Datei gespeichert werden. Eine .apk-Datei (Android package) ist eine Archivdatei, ähnlich einer .zip-Datei. Sie enthält die Bestandteile der App wie den kompilierten Quellcode und Ressourcen-Dateien (z. B. Bild- und Sounddateien).

Making of ...

1. Speichern Sie das Projekt als App-Datei unter Menü *Build > App (save .apk to my computer)* auf Ihren Computer.

3.4.2 App installieren

Eine .apk-Datei können Sie wie jede andere Datei aus dem Internet herunterladen oder von einem angeschlossenen Computer kopieren.

Making of ...

1. Kopieren Sie die App in den *Downloadordner* Ihres Tablets oder Smartphones.
2. Öffnen Sie den *Downloadordner* und tippen Sie auf die .apk-Datei.
3. Akzeptieren Sie die Warnung und installieren Sie die App.

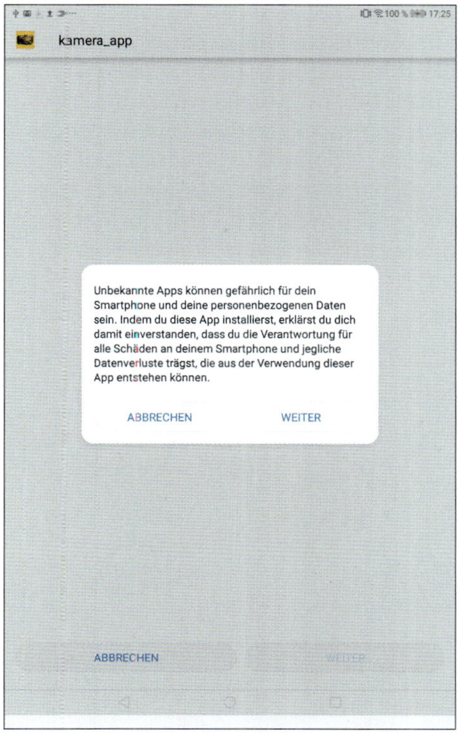

3.5 App-Erstellung mit PhoneGap Build

PhoneGap Build ist ein Cloud-Service von Adobe zur Online-Kompilierung plattformübergreifender mobiler Apps mit HTML, CSS und JavaScript. Zur Nutzung von PhoneGap Build brauchen Sie eine Adobe ID. *PhoneGap Build* ist im Gegensatz zu PhoneGap nicht kostenlos. Die aktuellen Tarifinformationen gibt es auf der Startseite des Portals unter https://build.phonegap.com.

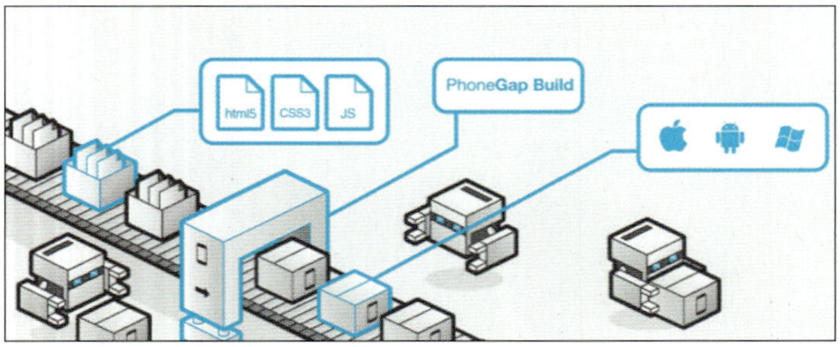

Funktionsprinzip von PhoneGap Build

Making of ...

1 Konfigurieren Sie Ihren Siteordner. Die XML-Datei enthält Metadaten Ihrer App.

config.xml

```
<?xml version="1.0"
encoding="UTF-8" ?>
<widget xmlns   = „http://www.
w3.org/ns/widgets“
xmlns:gap = „http://phonegap.com/
ns/1.0“
id = „com.phonegap.example“
versionCode = „10“
version = „1.0.0“ >
<icon src="images/hw_icon.png"
width="72" height="72"/>
<name>Hallo Welt</name>
<description>eine Beispiel-App</
description>
<author>BIME</author>
</widget>
```

Struktur des Siteordners

2 Erstellen Sie aus Ihrem Siteordner einen ZIP-Archivordner.

3 Öffnen Sie PhoneGap Build https://build.phoneGap.com.

4 Melden Sie sich mit Ihrer Adobe ID an.

5 Wählen Sie Ihren Tarif. Für einen ersten Test genügt die für private Apps kostenlose Option *Free Plan*.

6 Laden Sie den gezippten Inhalt des Siteordners hoch **A**.

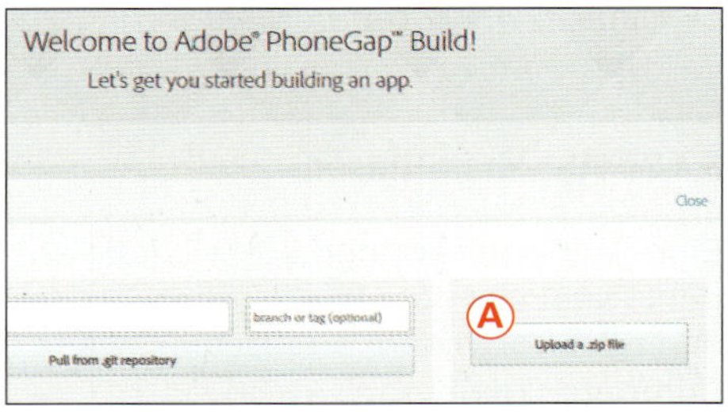

7 Klicken Sie auf *Ready to build* **B**.

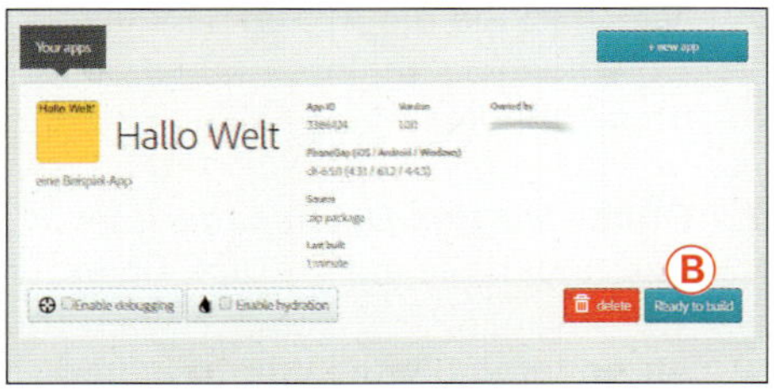

PhoneGap Build kompiliert Ihre App für die einzelnen Plattformen. Die iOS app wird nur kompiliert, wenn Sie vorher einen Apple-Entwicklerschlüssel eingegeben haben.

PhoneGap-API

Mit PhoneGap haben Sie Zugriff auf die Hardwarekomponenten der Smartphones und Tablets. Die Verbindung erfolgt durch spezifische APIs, Application Programming Interface. Durch die Verschiedenheit der Betriebssysteme werden nicht alle Features von allen Systemen unterstützt. Der Zugriff auf z. B. Kamera oder Dateisystem erfolgt über einfache Aufrufe in JavaScript.

	Amazon-fireos	Android	blackberry10	Firefox OS	Ios	Ubuntu	WP8 (Windows Phone 8)	Windows (8.0, 8.1, 10, Telefon 8.1)	tizen
	Plattform-APIs								
Beschleunigungsmesser	✓	✓	✓	✓	✓	✓	✓	✓	✓
BatteryStatus	✓	✓	✓	✓	✓	✗	✓	✓ Windows Phone 8.1 nur	✓
Kamera	✓	✓	✓	✓	✓	✓	✓	✓	✓
Erfassen	✓	✓	✓	✗	✓	✓	✓	✓	✗
Kompass	✓	✓	✓	✗	✓ (3GS +)	✓	✓	✓	✓
Verbindung	✓	✓	✓	✗	✓	✓	✓	✓	✓
Kontakte	✓	✓	✓	✓	✓	✓	✓	teilweise	✗
Gerät	✓	✓	✓	✓	✓	✓	✓	✓	✓
Veranstaltungen	✓	✓	✓	✗	✓	✓	✓	✓	✓
Datei	✓	✓	✓	✗	✓	✓	✓	✓	✗
File-Transfer	✓	✓	✓	✗	✓	✗	✓	✓	✗
Geolocation	✓	✓	✓	✓	✓	✓	✓	✓	✓
Globalisierung	✓	✓	✓	✗	✓	✓	✓	✓	✗
InAppBrowser	✓	✓	✓	✗	✓	✓	✓	Iframe verwendet	✗
Medien	✓	✓	✓	✗	✓	✓	✓	✓	✓
Benachrichtigung	✓	✓	✓	✗	✓	✓	✓	✓	✓
SplashScreen	✓	✓	✓	✗	✓	✓	✓	✓	✗
Statusleiste	✗	✓	✗	✗	✓	✗	✓	✓ Windows Phone 8.1 nur	✗
Speicher	✓	✓	✓	✗	✓	✓	✓ LocalStorage & indexedDB	✓ LocalStorage & indexedDB	✓
Vibration	✓	✓	✓	✓	✓	✗	✓	✓ Windows Phone 8.1 nur	✗

Plattformunterstützung

https://cordova.apache.org

3.6 Aufgaben

1 Apps einordnen

Wodurch unterscheiden sich Apps und übliche Computersoftware?

2 App-Typen unterscheiden

Welche App-Typen gibt es?

3 App-Typen beschreiben

Beschreiben Sie die wesentlichen Kennzeichen der App-Typen.

4 Web-App beschreiben

Beschreiben Sie die Funktionsweise von Web-Apps.

5 Hybrid-App beschreiben

Welche Besonderheiten unterscheiden eine Hybrid-App von einer nativen App?

6 Entwicklungsumgebungen kennen

a. Was versteht man unter einer App-Entwicklungsumgebung?
b. Nennen Sie zwei Beispiele

a.

b.

7 Entwicklungsumgebungen unterscheiden

Für welche Betriebssysteme sind folgende Entwicklungsumgebungen?
a. Xcode
b. Android IDE

a.

b.

8 Entwicklungsumgebungen kennen

Wofür stehen die Abkürzungen:
a. JDK,
b. IDE,
c. SDK,
d. CLI?

a.

b.

c.

d.

9 Apps-Dateiformat kennen

Welche Dateiendung haben Android-Apps?

10 Android-Apps installieren

Ist es möglich, Android-Apps auch ohne Download aus dem Google Play Store auf mobilen Endgeräten zu installieren?

11 PhoneGap kennen

Welche Webtechnologien werden in PhoneGap eingesetzt?

12 PhoneGap Build kennen

Welche Informationen enthält die Datei config.xml beider App-Erstellung mit PhoneGap Build?

13 PhoneGap beschreiben

Wozu dient PhoneGap?

4.1 Lösungen

4.1.1 E-Book

1 E-Book-Reader kennen

Die beiden E-Book-Reader mit dem größten Marktanteil sind Tolino und Kindle.

2 E-Book-Reader unterscheiden

Tolino ist ein offenes System. Alle E-Books mit Ausnahme der Amazon-E-Books sind auf dem Tolino lesbar. Auf dem Amazon Kindle sind nur E-Books von Amazon lesbar.

3 E-Book-Reader unterscheiden

E-Books, die in öffentlichen Bibliotheken ausgeliehen werden, sind auf dem Tolino lesbar.

4 DRM kennen

DRM ist die Abkürzung von Digital Rights Management, dem digitalen Rechtemanagement und Kopierschutz für E-Books.

5 Schutzrechte kennen

Der Schutz technischer Maßnahmen ist in Paragraph 95a des Urheberrechtsgesetzes geregelt.

6 Displaytechnologie kennen

E-Ink, LCD bzw. TFT, OLED

7 EPUB kennen

EPUB steht für Electronic Publication, einen Standard für E-Book.

8 EPUB-Formate kennen

EPUB steht für Electronic Publication, einem Standard für E-Books

9 Nennen Sie die beiden EPUB-Formate.

Derzeit gibt es zwei EPUB-Formate, EPUB 2 und EPUB 3.

10 EPUB-Layout unterscheiden

Reflowable Layout, diese Layoutart ist vergleichbar mit dem responsiven Webdesign von Internetseiten. Es ist nur eine sehr eingeschränkte Layoutkontrolle durch CSS möglich.
Fixed Layout, bei dieser Layoutart wird versucht, das Printdesign im E-Book zu erhalten. Strenge Layoutkontrolle durch CSS.

11 Schriftformate in EPUB-Dateien kennen

a. TrueType Font, TTF
b. OpenType Font, OTF
c. Web Open Font Format, WOFF

12 Vektorgrafiken in EPUB-Dateien verwenden

Vektorgrafiken in EPUB-Dateien werden im SVG-Format verwendet.

13 Dateiformat für ein Inhaltsverzeichnis kennen

a. Die englische Bezeichnung für Inhaltsverzeichnis ist table of content.
b. Das Inhaltsverzeichnis ist in der Datei toc.ncx gespeichert.

P. Bühler et al., *Digital Publishing*, Bibliothek der Mediengestaltung, https://doi.org/10.1007/978-3-662-55391-6

14 Schrift in EPUB-Dateien auswählen

OTF, Open Font Format, garantieren die beste Kompatibilität mit vielen E-Book-Readern.

15 Programme zur E-Book-Erstellung kennen.

- Sigil
- Calibre

16 Das Akronym PDF kennen

Portable Document Format

17 PDF als E-Book erstellen

Der Dateityp beim Dateiexport ist interaktives PDF.

18 E-Paper kennen

Ein E-Paper ist die digitale Ausgabe einer Zeitung oder einer Zeitschrift. Meist als 1:1-Abbild in Form einer PDF-Datei, häufig mit multimedialen Inhalten.

4.1.2 CMS

1 CMS kennen

Content-Management-System

2 Vorteile von Content-Management-Systemen kennen

1. Mehrere Redakteure können den Content der Beiträge in einem CMS ohne Programmierkenntnisse pflegen.
2. Kurzfristige Aktualisierung des Contents ist möglich.
3. Die strikte Trennung in Frontend und Backend erleichtert die Administration und erhöht die Datensicherheit.
4. Klare Rechtezuweisung erfolgt durch detaillierte Nutzerverwaltung.
5. Strikte Trennung von Inhalt, Struktur und Layout ermöglicht z. B. die einfache Änderung der Gestaltung oder mehrsprachige Seiten.
6. Administration kann plattformunabhängig im Browser auf jedem Rechner durchgeführt werden, selbstverständlich nur nach der passwortgeschützten Anmeldung.

3 Arbeitweise eines Content-Management-Systems beschreiben

Der Nutzer gibt in der Adresszeile seines Browsers die gewünschte Internetadresse ein. Die Anfrage geht an den Webserver. Dort wird sie entgegengenommen und verarbeitet. Zunächst wird überprüft, ob der Nutzer die zur Abfrage notwendigen Rechte besitzt. Falls der Nutzer die Berechtigung hat, holt das CMS die gesuchten Inhalte aus der Datenbank und schickt eine HTML-Datei an den Rechner des Nutzers. Der Browser des Nutzers zeigt die angefragte Seite an.

4 ECM kennen

Enterprise-Content-Management-Systeme, kommerzielle High-End-Systeme

5 Content Lifecycle Management verstehen

Das CMS steuert die zeitlichen Daten der Publikation von Inhalten.

6 Beiträge verwalten

In der Datenbank, in unserem Beispiel in einer MySQL-Datenbank

7 Templates erläutern

Templates sind Dateien, die das Aussehen der Internetseite im Webbrowser steuern.

8 Templates und CSS bearbeiten

Die Formatierung der Inhalte erfolgt über CSS.

9 Entwicklungsumgebung erläutern

Eine lokale Entwicklungsumgebung ist ein auf einem Rechner installierter Server mit Datenbank und der Fähigkeit, eine Programmiersprache, z. B. PHP, auszuführen.

10 Lokale Entwicklungsumgebung kennen

X ist der Platzhalter für das Betriebssystem: Windows-Server werden als WAMPP, Linux-Server als LAMPP und Mac-Server als MAMPP bezeichnet.
A steht für Apache, einen weitverbreiteten, kostenlosen Webserver.
M bezeichnet das Datenbankmanagementsystem MySQL bzw. MariaDB.
P steht für die Skriptsprache PHP.
P steht für Perl, eine weitere Skriptsprache, die alternativ zu PHP verwendet werden kann.

11 Nutzerverwaltung organisieren

Eine Nutzerverwaltung ist notwendig, weil verschiedene Nutzer in unterschiedlichen Zugriffsebenen mit und an der Website arbeiten.

12 Nutzerverwaltung kennen

Der Nutzer bleibt im System, kann sich jedoch nicht mehr anmelden. Er hat lediglich Zugriff auf den öffentlichen Bereich.

13 Nutzergruppen kennen

Nutzer einer Gruppe gehören derselben Rechteebene an.

14 Zugriffsebenen festlegen

a. Öffentlich: Jeder Nutzer, der die URL eingibt, kommt auf diese Seiten.
b. Registriert: Nur mit Nutzername und Passwort zugängliche Bereiche.

15 Die Funktion von Erweiterungen in einem CMS kennen

Erweiterungen in Joomla! sind CMS-Elemente, die das System um bestimmte Funktionalitäten ergänzen. Beispiele sind E-Mail-Formulare oder ein Downloadbereich.

16 Menüarten unterscheiden

Das Modul Breadcrumb-Menü zeigt einen Navigationspfad von der Startseite bis zur aktuellen Seite.

17 Sitestruktur erstellen

1. Inhalt
2. Navigation
3. Benutzer
4. Zielgruppe

4.1.3 Apps

1 Apps einordnen

Apps, die Kurzform für Applications (dt. Anwendung), sind speziell für den Einsatz auf mobilen Endgeräten konzipiert. Im Gegensatz zur herkömmlichen

Computersoftware, die in ihrem Funktionsumfang immer komplexer wird, haben Apps einen auf einen bestimmten Verwendungszweck hin optimierten Funktionsumfang.

2 App-Typen unterscheiden

- Native Apps
- Web-Apps
- Hybrid-Apps

3 App-Typen beschreiben

- Native Apps
  Native Apps sind für eine bestimmte Plattform und das jeweilige Betriebssystem entwickelt. Die Programmiersprache und die Entwicklungsumgebung unterscheiden sich je nach Plattform.
- Web-Apps
  Web-Apps sind Anwendungen, die mit den gängigen Webtechnologien, HTML5, CSS3 und JavaScript, entwickelt werden. Sie werden nicht auf dem Smartphone oder Tablet installiert, sondern laufen dort im Browser.
- Hybrid-Apps
  Hybrid-Apps werden wie Web-Apps mit Internettechnologien entwickelt und dann mit einem Framework für die verschiedenen Plattformen in einen nativen Wrapper eingebettet. Dies ermöglicht die plattformunabhängige Entwicklung einer App.

4 Web-App beschreiben

Web-Apps sind Anwendungen, die mit den gängigen Webtechnologien, HTML5, CSS3 und JavaScript, entwickelt werden. Sie werden nicht auf dem Smartphone oder Tablet installiert, sondern laufen dort im Browser. Dies setzt, zumindest beim App-Start, eine Internetverbindung voraus. Web-Apps werden nicht über einen Store vertrieben, sondern vom Webserver des App-Anbieters heruntergeladen.

5 Hybrid-App beschreiben

Hybrid-Apps werden wie Web-Apps mit Internettechnologien entwickelt und dann mit einem Framework für die verschiedenen Plattformen in einen nativen Wrapper eingebettet. Dies ermöglicht die plattformunabhängige Entwicklung einer App.

6 Entwicklungsumgebungen kennen

a. Eine App-Entwicklungsumgebung ist ein integriertes Softwaretool mit Editor zur Programmierung von Apps.
b. Xcode, Android IDE

7 Entwicklungsumgebungen unterscheiden

a. Xcode: Apple iOS
b. Android IDE: Google Android

8 Entwicklungsumgebungen kennen

a. JDK, Java Development Kit
b. IDE, Integrated Development Environment
c. SDK, Software Development Kit
d. CLI, Command-line Interface

9 Apps-Dateiformat kennen

Android-Apps haben die Dateiendung apk.

10 Android-Apps installieren

Ja, Android-Apps können direkt auf dem Gerät, z.B. aus dem Downloadordner, installiert werden.

11 PhoneGap kennen

Die Entwicklung der Apps erfolgt mit HTML5, CSS3 und JavaScript.

12 PhoneGap Build kennen

Die XML-Datei config.xml enthält Metadaten der App.

13 PhoneGap beschreiben

PhoneGap ist ein Entwicklungs-Framework zur Programmierung plattformübergreifender Hybrid-Apps.

4.2 Links und Literatur

Links

Weitere Informationen zur Bibliothek der Mediengestaltung
www.bi-me.de

Adobe
www.adobe.com/de

Adobe TV
tv.adobe.com/de

App-Entwicklung
appinventor.mit.edu
build.phonegap.com,
cordova.apache.org
developer.android.com/studio
developer.apple.com/Xcode
phonegap.com
sourceforge.net
www.nodejs.org
www.oracle.com/technetwork/java

E-Book und E-Book-Reader
itunes.apple.com/de/genre/books
mytolino.de
play.google.com/store/books
www.amazon.de
www.gutenberg.org
www.onleihe.net

Open-Source-Software
calibre-ebook.com
sigil-ebook.com
www.apachefriends.org

Schriften
fonts.google.com
www.fontsquirrel.com
www.sil.org

W3C
W3Cw3.org/publishing

Literatur

Joachim Böhringer et al.
Kompendium der Mediengestaltung
Springer Vieweg Verlag 2014
ISBN 978-3642548147

Peter Bühler et al.
Crossmedia Publishing: Single Source – XML – Web-to-Print
(Bibliothek der Mediengestaltung)
Springer Vieweg 2019
ISBN 978-3662549988

Peter Bühler et al.
HTML5 und CSS3: Semantik - Design - Responsive Layouts
(Bibliothek der Mediengestaltung)
Springer Vieweg 2017
ISBN 978-3662539156

Peter Bühler et al.
Informationstechnik: Hardware – Software – Netzwerke
(Bibliothek der Mediengestaltung)
Springer Vieweg 2018
ISBN 978-3662547311

Peter Bühler et al.
Webdesign: Interfacedesign - Screendesign - Mobiles Webdesign
(Bibliothek der Mediengestaltung)
Springer Vieweg 2017
ISBN 978-3662539170

Peter Bühler et al.
Webtechnologien: JavaScript – PHP – Datenbank
(Bibliothek der Mediengestaltung)
Springer Vieweg 2018
ISBN 978-3662547298

4.3 Abbildungen

S2, 1a, b: www.pixelio.de
S2, 2: Stadtbücherei Stuttgart
S3, 1: www.pixelio.de
S3, 2: www.amazon.de
S4, 1: www.boersenverein.de/ebook-markt
S5, 1a, b: authorearnings.com
S5, 2: www1.stuttgart.de/stadtbibliothek
S6, 1a, b, 2a, b, 3a: www1.stuttgart.de/stadtbibliothek
S6, 3b: Autoren
S7, 1: mytolino.de
S7, 2, 3: www.amazon.de
S8, 1a: www.hugendubel.de
S8, 1b, c: Autoren
S8, 2a: www.amazon.de
S8, 2b, c: Autoren
S9, 1: Adobe
S10, 1: Adobe
S11, 1: Bitkom
S11, 2, 3: Autoren
S12, 1: www.lg.com
S13, 1: www.pixelio.de
S13, 2: Autoren
S14, 1a, b: Autoren
S15, 1, 2: Autoren
S16, 1, 2a, b: Autoren
S17, 1, 2a, b: Autoren
S18, 1, 2, 3: Autoren
S19, 1a, b: Autoren
S20, 1, 2: Autoren
S21, 1a, b, 2, 3: Autoren
S22, 1: Autoren
S23, 1, 2a, b, 3a, b: Autoren
S24, 1a, b, 2a, b: Autoren
S25, 1, 2, 3: Autoren
S26, 1, 2a, b: Autoren
S27, 1, 2, 3: Autoren
S28, 1, 2a, b: Autoren
S29, 1, 2, 3: Autoren
S30, 1, 2: Autoren
S31, 1, 2, 3, 4: Autoren
S32, 1: Autoren
S33, 1a, b, 2: Autoren
S34, 1a, b, 2: Autoren
S35, 1, 2, 3: Autoren
S36, 1, 2: Autoren
S37, 1, 2, 3: Autoren
S38, 1, 2a, b: Autoren
S39, 1, 2: Autoren
S40, 1, a, b, 2a, b: Autoren
S41, 1, 2: Autoren
S42, 1, 2: Autoren
S43, 1, 2: Autoren
S46, 1: Autoren
S47, 1: www.jgs-stuttgart.de
S47, 2: Autoren
S50, 1: www.joomla.org
S51, 1: www.apache.org
S52, 1, 2, 3a, b: Autoren
S53, 1a, b: Autoren
S54, 1: Autoren
S55, 1, 2: Autoren
S56, 1a, b, 2a, b: Autoren
S57, 1, 2a, b: Autoren
S58, 1, 2: Autoren
S59, 1, 2, 3: Autoren
S60, 1a, b, 2a, b: Autoren
S61, 1, 2: Autoren
S62, 1: Autoren
S63, 1, 2, 3: Autoren
S64, 1a, b: Autoren
S65, 1, 2: Autoren
S66, 1a, b: Autoren
S67, 1, 2, 3, 4: Autoren
S68, 1: Autoren
S69, 1, 2, 3, 4: Autoren
S70, 1, 2: Autoren
S71, 1, 2, 3: Autoren
S72, 1, 2, 3: Autoren
S76, 1a, b: Autoren
S77, 1: Autoren
S78, 1: Autoren
S79, 1, 2, 3, 4, 5: Autoren
S80, 1a, b, c, 2a, b: Autoren
S81, 1: appinventor.mit.edu
S81, 2, 3, 4: Autoren
S82, 1: Autoren
S83, 1: Autoren
S84, 1a, b, c: Autoren
S85, 1, 2a, b: Autoren
S86, 1: Autoren
S87, 1, 2: Autoren

S88, 1: Autoren
S89, 1a, b: Autoren
S90, 1, 2: Autoren
S91, 1, 2: Autoren
S92, 1, 2a, b: Autoren
S93, 1, 2: Autoren
S94, 1a, b, 2a, b, 3: Autoren
S95, 1: cordova.apache.org

4.4 Index

Printed by Wilco bv, the Netherlands